Defeated Architecture

Kengo Kuma

负建筑

隈研吾

序

朱锷

受邀为本书做序对我无疑是一种荣幸，但这同时也是一种冒险。毕竟，我是一位平面设计师，能对作为建筑师的隈研吾说什么呢？但在看过这本书稿之后，我很想和大家分享一些感受。虽然在工作领域方面，我们似乎有很明确的分别，但他所言说的事实上已经远远跨越了这些界限。这种跨越，不但给了我发言的勇气和可能，也为更多建筑甚至设计领域之外的人打开了一扇窗口。从这个意义上来说，《负建筑》所面对和期待的读者必是更广大的，因为隈研吾所思考的已不局限于建筑本身，而是我们这个时代所面临的问题。

我和隈研吾是经由原研哉介绍认识的。“你一定要认识隈研吾。”原研哉的认真不由得令我心生好奇。之后，我和隈研吾在许多项目上展开了合作，在这个过程中，我对他有了更为深入的了解。

相信很多读者对隈研吾的了解都是从长城下的竹屋开始的，他用竹质材料建构了一个与长城两两相望的独特空间，几乎是不可思议地实现了“结庐在人间”。好奇也罢，赞叹也罢，当你平心静气地读完这本《负建筑》，也许能更深刻地领会他为什么会做此种选择。

“有没有可能建造一种既不刻意追求象征意义又不刻意追求视觉需求的建筑呢？正是在这样的悲观氛围中，我写下了一系列的文章，也由此诞生了这本书，并取了一个莫名其妙的书名——《负建筑》。”环顾我们的四周，“象征意义”和“视觉需要”似乎已经成为建筑的使命，而他为什么对此感到悲观呢？“所谓‘负建筑’并非是输的建筑，而是指最适宜的建筑。”隈研吾曾经这样向我解释他为什么以此来命名他理想的建筑。这其中虽然存在日文与中文语义的细微差别，但我想还是可以看出他对建筑因为被赋予过多的寄托而偏离其本初面目的一种澄清。

在这本书中，隈研吾并没有一一列举他自己的建筑案例，而是把目光投向更广袤的世界。叙说的起始——1995年，在他看来是一个危机之年。阪神淡路大地震、奥姆教毒气事件……一直到6年后的“九一一”事件，建筑物作为人类的庇护所竟是如此脆弱。但他对“脆弱”的指认并非局限于其物理属性，而是从建筑的建设者、拥有者和使用者的立场出发，指出是其私有属性决定了它的脆弱。这种认识使他的关注对象不再只是建筑本身，他的言说也由此不再只是一个建筑师在专业领域内的喃喃自语。

但他的质问和追索并未因此失于空泛。在我看来，这本《负建筑》对于了解现代建筑的种种症状也是很有裨益的。密斯、柯布西耶这两位现代建筑大师在隈研吾的笔下似乎有了更为生动的面目，他对鲁道夫·辛德勒分明带着一丝痛惜，而他对村野藤吾的击赏更是让我们也更为深入和全面地了解了他自身处理一些问题的方式究竟缘何而来。

我们的欲望让我们把建筑物从周围环境中分割出来，我们忘记了建筑的本意是让我们容身，让我们居住地更舒服，而一味地将建筑当成“物”，在其身上画满了各种符号，直至将我们自身淹没。我想，这一点应该是隈研吾最想表达的。而他自己也是由此出发，在现实中努力设计和建造“负建筑”——最适宜的建筑。

自序

隈研吾

我把1995年以后所写的东西汇编成册，于是有了这本书。

这段时期无疑是一个多事之秋，其中，最具有影响力的事件有阪神淡路大地震、奥姆教恐怖主义行动、“九一一”事件等。这些事件广泛地影响到社会的各个方面，在我看来，它们同时也是建筑领域的大事件——象征着危及建筑物安全的事件。

大地震使得建筑物极其脆弱的一面暴露无遗。这里所说的脆弱并非指建筑的物理属性或结构属性，而是指其私有属性。正是建筑物的私有属性决定了它是脆弱的。关于这一点，我们从一个相关侧面可以更清楚地了解到：居住在出租房内的人其实并未蒙受多么重大的损失；那些在震灾发生前就无家可归的人，他们的损失就更小了，可以说这部分人几乎没有受到任何损失；受损失最惨重的正是那些用贷款购置了房产并因此拥有了私房的人，他们就是那些深受20世纪住房抵押贷款政策影响的、勤勉工作的工薪阶层。他们为了拥有一个家庭的“安全堡垒”而倾注了毕生的积蓄。也正是这样一部分人最终却失去了自己的家，甚至还要负担起双重的住房贷款。

从常理来看，住房是家庭稳定生活的保障，也是家庭幸福的保障。但现实所展现给我们的却是一个相反的景象：正因为你拥有了自己的住房，于是你就陷入到了不幸之中，私房反而成了导致家庭不幸的因素。正如本书所反复阐述的那样，尽管现代主义利用住房抵押贷款政策扩张了其影响，但是从更深层次上来说，这两者实质上是互为关联的。地震的发生从根本上动摇了住房抵押贷款政策，也同时动摇了现代主义。

与地震造成的结果相同，奥姆教信徒们创建的宗教建筑形式也从根本上动摇了传统的建筑观点。以往的宗教都是最大限度地利用建筑物的各种元素，如高高耸起的、颇具象征意义的外观，以及充满了天堂般光辉的、庄重的内饰空间等，通过调动建筑的所有这些设计元素来激发教徒们对宗教的情感。在这一点上，无论是传播已久的传统宗教，还是新近出现的各种宗教，都表现出惊人的一致——它们都不加掩饰地依赖于建筑本身的表现元素。

而奥姆教却不同，该宗教的教徒完全漠视建筑物本身的表现力。他们所建造的建筑物，取名为沙田，实际上不过是一些简陋不堪的房子，与以往的宗教建筑毫无相似之处。他们吸引信徒的是另外两样道具：一是药物；二是奇特的头盔。他们让信徒喝药，让信徒戴上带有电磁波的奇特头盔。这两样道具与20世纪60年代末轰动建筑界的两个建筑设计（正确地说是非建筑性设计）极为相似。一种是维也纳艺术家沃特·皮克勒（Walter Pichler)设计的“透明头盔”(1967年)；另一种是经常和皮克勒合作的奥地利建筑师汉斯· 霍莱因(Hans Hollein)设计的“非自然环境控制箱”(1968年)。

“透明头盔”是一种巨大的白色头盔。皮克勒把它称做“携带式起居室”，并预言建筑将全部改换成利用数字技术的头盔。而霍莱因的“控制箱”是对现有建筑提出的极富挑战性的一个方案，这个方案只需要利用一种片剂来改换建筑。我在1994年11月出版的《新·建筑入门》一书的开头，很偶然地把这两种方案作为“建筑危机”的象征提出，到了1995年1月，这两种方案开始受到奥姆教的关注，他们把这两个“作品”变成了现实。

时间很快到了2001年9月11日。似乎为了总结之前发生的一系列事件似的，这一天，作为世界文明象征的超高层建筑瞬时间变成了一堆废墟。进入20世纪后，超高层建筑已经不只是一种象征，它同时也包含了人类对建筑的一种期盼。人们从内心深处期盼创造出视觉的象征，期盼把建筑建得高些、再高些。人们对建筑的这种期盼实际上表现了他们对建筑的欲望。最能体现这种欲望的就是纽约的高层建筑群，而它们之中的代表则是世贸大厦的双子座大楼。

世界上最高的建筑竟然如此脆弱，如此不堪一击，更为甚者，它脆弱的一面又被完完整整地呈现在人们面前。且不论实况转播飞机撞楼事件的做法是否是有意为之，单是两机先后撞楼所产生的视觉效果就非常富有戏剧性。作为人类视觉象征的建筑文明，其弱点既不是用语言也不是靠科学的推算来表现的，而是通过实实在在的视觉影像而毫无保留地呈现出来了。

这一影像深深地烙在了我们的视觉记忆里并将永远无法抹去。这实在是一种常人难以想象的伤害。建筑的所谓象征意义由于这次事件的发生遭到了现实的嘲弄。由此可知，我们的视觉需求应该重新定位。在这之后，人们究竟会重建什么样的建筑呢？有没有可能建造一种既不刻意追求象征意义又不刻意追求视觉需求的建筑呢？正是在这样的悲观氛围中，我写下了一系列的文章，也由此诞生了这本书，并取了一个莫名其妙的书名——《负建筑》。

不管怎样，这样的一天迟早会到来。确切地说，建筑的安全危机从一开始——也就是从上古时代人们尝试在空地里向上垒砌石块的那一天起——就已经不可避免地存在了。众所周知，物体的重心越高，它的稳定性就越差。即便是小孩子也知道物体堆得越高就越不安全，越高就越会惹得四邻不安。这是毋庸置疑的事实。但是，尽管如此，人类的视觉却仍然在无限制地追求建筑的高度。结果发生了一系列的事件。从中可以看出，建筑其实是满足视觉需求升级的产物。虽然建筑和视觉的追求能够不断地单方面升级，但建筑物却在不知不觉中超越了极限。一旦超过这一极限，一个不言自明的结果就会出现在人们面前，而它出现的方式却是谁也没有预料到的——如此清晰并且如此始料未及地呈现在世人面前。于是我们得出一个结论：早知如此，悔不该当初。

除了不断往上垒砌这种方法之外，建筑是否就别无他法？于是，话题又回到这个最基本的问题上来。在不刻意追求象征意义，不刻意追求视觉需要，也不刻意追求满足占有私欲的前提下，可能出现什么样的建筑模式？对此，我很想探究一番。如何才能放弃建造所谓“牢固”建筑物的动机？如何才能摆脱这一欲望的诱惑？在这种心情下，我给本书取名为《负建筑》。书名既定，内容相对就显得乐观、积极了。除了高高耸立的、洋洋自得的建筑模式之外，难道就不能有那种俯伏于地面之上、在承受各种外力的同时又不失明快的建筑模式吗？

目录

长城下的公社·竹屋之一
（设计：隈研吾 2001）

长城下的公社·竹屋之二
（设计：隈研吾 2001）

长城下的公社·竹屋之三
（设计：隈研吾 2001）

莲屋之一
（设计：隈研吾 2004）

莲屋之一
（设计：隈研吾 2004）

日本三得利美术馆
（设计：隈研吾 2003）

I 分割、批判、形式

1. 从分割到统一

建筑物这个东西或许是全社会的矛头所指。当谈及公共事业、土建业时，人们往往把建筑物视作“恶”的代名词。为什么建筑物会被人们如此的厌恶呢？这种状况是从什么时候开始的呢？问题是出在与建筑物相关的事物上，还是建筑物本身的存在上？我想从这些基本的问题开始进行探讨。

人们讨厌建筑物是有缘由的——因为它有许多负面因素。首先是体积庞大。在我们日常接触的对象中，很少甚至可以说没有比建筑物更大的东西。大是建筑物的标志，也是建筑物的定义。在通常情况下，建筑物的建造一方，如建筑物的开发商和建筑师等，都愿意把建筑物建造得醒目而招摇。这样一来，建筑物显得越发庞大，或者说视觉效果比实际上还要大。其结果却是越大越碍眼，也越受到人们的厌恶。

人们讨厌建筑物的第二个因素是其对物资的消耗。因为体积大，建筑物的建成自然需要大量的材料，这就无可避免地要造成物资的消耗。地球上的资源有限，并且已经开始枯竭。能源也是如此。在这样的时代环境中，对物资的巨大消耗没有理由不受到厌恶。

人们讨厌建筑物的又一个原因是它的不可逆转性——建筑一旦完工就不可能轻易地拆除或重建。能够轻易重建或销毁的东西就称不上是建筑物。因此，人们不喜欢或不满意的建筑物一旦建成，就会给生活在其中的人带来许多痛苦。与人的生命长度相比，建筑物的寿命恐怕要长很多，所以，在不喜欢的建筑物中生活的人不得不忍受到自己死亡的那一天。虽然20世纪以后建造的建筑物，其实际寿命并不是很长，但给我们的感觉并非如此。与人类纤细、柔弱的体质相比，建筑物显得异常地结实和长寿，甚至会让人感觉到它似乎在嘲笑人类短暂的生命，这就使人越发讨厌建筑物。可见，建筑物的这种时刻张扬的不可逆转性实在令人厌恶。

建筑物的上述三个因素是其不可避免的宿命。与世界的庞大相比，建筑物的绝对体积小到可以忽略不计的程度时，三个负面因素反过来又成了建筑物的长处。人们在追求大体积、多耗材和长寿命的过程中建造出一座又一座的建筑物。当然，并不是社会上所有的人都具有能够建造建筑物的特权。能建造建筑物的“强者”数量有限，建筑物因此基本上属于相对稀少的存在物。正因为稀少，其体积大、耗材多和寿命长的特性都能够得到宽容。

当建筑物的体积超过一定的临界值，就会引起人们的警觉。远在希腊、罗马时期，就已经出现了有关建造建筑物的规范和相关的规定。不过，人们真正推出对建筑物的限制规定是在20世纪初。1784年，巴黎提出了限制建筑外形的规定，但1916年为防止高层建筑破坏城市景观而实行的纽约区域规划制

图1 美国宾夕法尼亚州莱维敦的房屋广告。在第二次世界大战后，莱维敦利用FHA（美国联邦住宅局）的住房贷款开发、建设家园，并取得了巨大的成功。

度，才是今天建筑规范的初始原型。然而，尽管对建筑物的外形有了约束，但对建筑行为本身却没有施加任何限制。20世纪里，人们以前所未有的势头不停地建造建筑物。用“建筑的世纪”来概括20世纪，似乎并不为过。

建筑物已经供大于求。尽管如此，建筑业非但没有受到抑制，反而不时有激励性措施出台，以期重振正在趋向萎缩的建筑需求。

社会与建筑业息息相关。进而言之，相比于建筑物本身，社会更需要的是建筑行为。因此，不管建筑物如何泛滥，社会都不会对建筑行为叫停。建筑业必须自始至终地受到鼓励。

由此，人们很容易联想到两种激励性措施：一种是住房抵押贷款政策；另一种是凯恩斯（John Maynard Keynes）提出的政府财政行为。第一次世界大战后，备受住宅问题困扰的美国正式启动了住房政策。这一时期，欧美国家普遍面临严重的住宅不足问题，但所采取的措施却截然不同。欧洲国家有计划地建设公共集体住宅，仅在20世纪20年代就建起了500万户。美国则积极地鼓励民众建设独立式的私人住宅。1934年，美国成立了联邦住宅局(FHA)，专门负责管理长期的超过总建设费用80%的低息住宅贷款并实行优惠税率。也就是说，相对于欧洲国家由政府提供建筑物的做法，美国以唤醒和激发个人的建筑欲望作为政策的导向——这就是对建筑业的所谓激励性措施（图1）。

这两种截然不同的措施分别带来了什么样的结果呢？由于住房易得，租金低廉，所以很难指望凭此唤起欧洲人积极投身工作的热情。要想真正提高他们的劳动积极性并促进消费，就必须采取其他措施，如实行强制性连休制度等。

图2 用来宣传《以建筑为目标》的小册子(1923年)。勒·柯布西耶利用照片效果和评论术语相结合的新颖广告手法,成功激起了读者的欲望。

美国的住房政策取得了巨大的成功。人们为了偿还住房贷款，开始像奴隶般辛勤工作。不仅如此，背负住房贷款的人在政治上也明显地表露出保守倾向，这在一定程度上维护了政治的稳定。显然，美国的住房政策在经济和政治两个方面都卓有成效。不仅是经济，而且包括政治在内的整个社会都对住宅建设行为表示出极度欢迎。勒·柯布西耶（Le Corbusier）在其于1923年出版的著作《以建筑为目标》[1]（图2）一书的结尾处，用“是建筑还是革命”的这一名言作为结束语。这句话用来点睛这本彻底批判以往旧建筑并宣告革命性的现代主义建筑已经出现的书最合适不过。但是，如果你深入研读这本书，会发现正是住房贷款制度成就了柯布西耶的预言。对此，端足革命家的架势并利用反体制言论而成为明星的柯布西耶一定会气急败坏地加以反驳。然而，那些利用住房贷款获得了私有住房的中产阶级们早就把革命理想抛到九霄云外,兴高采烈地行进在保守派的队列之中——这的确应验了“是建筑还是革命”这句话。

美国的政策渐显其效，住宅建设的数量迅速增长。1933年住宅动工数量是九万三千户，1934年联邦住宅局成立，1940年这一数量一跃飙升到六十万三千户,这极大地促进了经济的发展。不仅建筑业本身的投资额大幅增加,而且购建私房的人们在与住宅息息相关的物品——从窗帘、家具等装饰用品到家用电器、庭院等——上也普遍投入了大量金钱。一旦有了建筑私房的欲望,

---

[1]《以建筑为目标》(*Versune Architecture*,1923)，勒·柯布西耶著，吉阪隆正译，鹿岛出版社1967年出版日文版。

人们往往会失去理性，一味地满足这种超出实际需要的欲望。

如果把美国的住房抵押贷款政策看做是对付经济危机的一个手段，那么凯恩斯提出的公共投资更是针对经济危机所开出的大剂量强心剂。美国的住房抵押贷款政策若是“小建筑方案”，凯恩斯提出的方案就是面向“大建筑”的“大建筑方案”。1936年，凯恩斯汇编出版了《雇佣、利息及货币的一般理论》一书，展示了政府通过投资“大建筑”来创造有效需求的20世纪财政政策的雏形。他认为对公共建筑、土木用料的财政投入，可以促进社会繁荣并激活经济。在书中，凯恩斯用了“乘积”一词。他认为有效需求将会以财政投入的数倍倍率产生；从长远来看，它将伴随经济兴旺，以增大税收的形式，填补财政投入的赤字；并坚持认为建筑和土木工程具有这样的潜在能力。凯恩斯还信心十足地向世界宣布：资本主义已经得到了战胜其最大结构性缺陷——经济危机——的划时代处方。凯恩斯的主张大大影响了其后20世纪所有的经济政策，尤其对美国的新政政策及战后日本的经济政策产生了极为深远的影响。

为什么凯恩斯在20世纪会获得如此广泛和强力的支持？正像美国最大限度地利用了住房这一建筑形式的魔力，凯恩斯也谙熟建筑这一产业的特性和魔力，并对其充分利用。建筑业确实具有这样的魔力。作为支撑20世纪权力基础的两大政策——住房政策和公共事业政策，二者都是以建筑魔力为基础。从这个意义上讲，我们也不得不把20世纪称做建筑的世纪。那么权力和建筑为什么会形成这种共存关系？

首先，建筑物庞大且直观，这一点很具象征意义。试想，除了建筑物之外，还有什么既有庞大的体积又有直观的外形？大地广阔无垠，建筑物亦无法与之相比。但是，大地虽然辽阔，却不具备建筑物那种稳固、直观的特性。建筑物体积大又不失直观，这使得它即便是尚处在计划蓝图阶段，就足以对周围的事物产生广泛的影响力——它会使人们对其充满期待和想象，同时还由此引发凯恩斯所说的乘积效应。更为重要的是，对于当时的整个经济规模而言，公共建筑物的影响效果具有不可忽视的力量。

正如前文所述，建筑物外观体积庞大并且对物质资料消耗严重，这是建筑物遭人厌恶的最主要原因。而凯恩斯却把这些负面因素逆转成所谓经济效应的正面因素。这是一次可称之为魔法的、极其巧妙的逆转。他不认为建筑是耗费资源的行为，他认为建筑是促进社会发展的稳健而诚实的行为。他还认为，只有消费才是值得赞赏和鼓励的。正因为如此，他才会向英国政府半真半假地提出那个著名的建议，他说把英镑纸币填埋到废坑里如何？对于这个建议，他是这样解释的：首先填埋废坑需要人工，于是就会出现工作机会；其次因为纸币被填埋到废坑后，纸币数量锐减，于是对纸币的需求就会大大增加。可见，在他的意识里，并没有物质和能源有限这一概念。20世纪初期，即便像他这类见多识广的人，环境有限性的概念也非常淡薄。自然，在他的意识中同样也没有资源消耗的概念。

于是，有人在脱离现实情况的抽象理论中提出了各种假设并进行了大胆的计算，又把这种计算结果毫无顾忌地应用到现实中，这就是20世纪所谓的学问和科学的真面目。当我们看到许许多多依据凯恩斯理论而在广袤的土地上矗立起来的巨大建筑时，我们无法不联想到这种不计后果的计算方法，它是如此的缺乏严谨性。“箱子”一词准确地反映了这种不计后果的计算结果，它让人如此不安。脱离了复杂现实的这种简单化的计算结果通过建筑的形式轻易地转化成了具体的物质形式，骤然间被抛向复杂而又脆弱的现实中，这实在让人胆寒。人们把这种不愉快的感觉叫做“箱子”。

凯恩斯的理论就像一种魔术、一种欺诈。它只是为了把建筑带来的负面因素逆转成正面因素，也就是欺骗人们说那些都是正面的。而对于规模问题、物质及能源问题，他并没有寻找相应的、切实有效的解决方法，他只是假设存在一种远离各种现实关系的、悬在想象空间的“建筑物”，然后像奥赛罗棋似的利用骗术把反面翻成正面，让我们误以为发生在脱离现实状况的建筑物周围的所有问题都已经得到妥善解决。

更具欺骗性的是，在这一骗术中，凯恩斯还打着“为了弱者的建筑”这种幌子。他说，公共事业是为了弱者而开展的。在这一点上，住房抵押贷款政策也有相似之处，它利用一些花言巧语，说为了没有住房的弱者，必须建设住宅。想要驳斥这些谎言，确实不容易。凯恩斯的理论由于所谓的“弱者”这一幌子而得以强化，几乎找不到反驳的余地。试想当有人提出在没有道路的贫困地区应该开展公共事业时，我们如何启齿提出反对意见；当有人说为了老年人这一弱势群体，需要建设相应的福利设施时，我们只能表示赞同。在类似情形下，有人提议建造建筑物往往会获得意想不到的支持。

弱者是一个独立体。就像建筑是一个独立体一样，弱者也是一个独立体。事实上，我们知道世界上其实并不存在绝对的弱者，任何看似弱势的事物，当它处于某个特定环境中，往往会以强者的姿态出现。然而，凯恩斯却把这种微妙的关系彻底地割裂开来，目的自然是为了继续捏造他所谓“弱者”的存在。有意思的是20世纪的政治家们也同样巧妙地利用了弱者的存在。那些与建筑特权勾结在一起的政治家们首先以弱者代理人的姿态登场，他们充分利用弱者逻辑，掌管建筑，并最终攫取特权。

对于必须依赖现代选举制度的政治家们来说，建筑行为的规模（大规模）充满魅力。因为在大规模的建筑行为之下，筹集选举经费所需的高额资金可能会相对容易；同时，那些从事建筑业的人们，或与这种大规模建筑行为有着千丝万缕联系的人们，反过来又会在选举中以投票的方式来支持政治家。所以，在这个意义上，建筑物特点之一的“大”也就由消极的负面因素转化成积极的正面因素。在那些利用弱者逻辑武装起来的政治家们的积极干预下，公共事业的规模一味增长。由于它与实际的经济状况以及乘积效应毫无关联，导致财政赤字无限制增大，最终发展到无以弥补的程度。这种恶性循环正是由弱者逻辑诱发出来的。

人们屡称这种情形是政治对经济的侵蚀，当然也有人说它是政治大众化的结果。可以看出，即使是在经济所占分量如此之重的20世纪的社会里，政治和经济之间也没有能够建立起平等的关系。当然，对于这种情形，我们把责任全部归咎于政治未免有失公允，应该说是经济逻辑的不完善给了政治可乘之机。遗憾的是，今日的文化对这种低级的“弱者逻辑”依然没有丝毫的免疫能力。

20世纪的文学不断发现并制造各种各样的“弱者”。正像20世纪的建筑由于与环境的割裂，使它作为一件作品而获得了独立性和纯粹性一样，20世纪的文学也是通过把“弱者”从现实中割裂开来而获得了作品的纯粹性。“弱者”在这里再次成为被割裂的产物。尽管我们知道世界上没有绝对的弱者，但要找到一个敢于正视“弱者”的论题、能够指出在特定环境下所谓的弱者有时其实也是强者并且勇于把弱者从孤立中解救出来的文学研究者是一件极其困难的事情。20世纪的文学看似为了无批判地强化“为了弱者的公共事业”这一社会体系而受到了利用。政治、建筑和文学巧妙地建立起相互利用的关系。

粗制滥造的文学强化了浅薄的科学，并最终把这些粗制滥造的思想转化成现实。而把粗制滥造的思想以建筑的形式凸现在大地上的正是建筑师们。在这个过程中，我们应该注意到的是，确切地说我们应该感到惊讶的是，从来没有人提到过建筑应该以什么样的方式存在。当然，关于建筑的理由是有人问的，比如会有人问为什么一定要建造，有没有建造的必要等等。此外，还有人会计算建造某一建筑物对政治和经济将产生的影响。然而令人奇怪的是，不知为什么，关于如何建造这个建筑物，建筑物应该以何种方式存在，它的质量如何控制等等，诸如此类的问题却无人问津，也没有人对此进行严肃的评论。

如果建筑物只是一个独立体，那么无人问及这些问题也许很正常。毕竟要用一个独立体周围早已存在的标准去评价一个与周围环境毫不相干的独立体，实在有些勉为其难。人们把关注的重点放到了分割的效果上，由此出现了从未有过的不正常状态。其结果是，20世纪的建筑质量是有史以来几乎从来不曾有过的低劣。与其他领域在20世纪取得的成就相比，建筑领域的堕落让我们无以面对。当然就数量而言，建筑确实取得了不可否定的成就，甚至于我们把20世纪说成是 “建筑的时代”，但是，在质量方面，建筑的现状实在让人目不忍睹。忽略建筑本身的价值，而一味重视建筑行为的价值所造成的后果已经开始降临到我们的身上了。

令人欣慰的是，这种情形已经有了很大的改观。建筑碰上了前所未有的一股回流。全社会开始认识到建筑物是人类生存必不可少的东西，但同时人们又把建筑看做是社会的敌人。用“反弹”这个词来形容这种情形实在最合适不过。由于激励性措施而曾经被无限激起的建筑欲望现在正迅速回落。

出现这种情形的理由，或者说动因很多。其一是经验的积累。很多人不仅从事过建筑业的工作，而且在建成后的建筑物内居住过。他们不仅有建造建筑物的经验，而且还有居住在建筑物内、使用建筑物的经验。他们不把建筑物当作一个与周围环境相割裂的独立体，而是把建筑物看做是无限延伸的时空连续体的一部分。建造一个建筑物的时间是极其短暂的，短到我们可以称之为瞬间。与此相比，建筑物一旦建成后，它持续使用的时间可就长多了。这是建筑物的一个特性。那么为什么人们在完成建筑后，还要以维护和使用的名目而在它身上继续投入大量的资金呢？虽然生活是瞬息万变的，但是建筑物却不会改变，也不能补救。尽管如此，我们还是必须要源源不断地向建筑物投入金钱和能源。

20世纪的个人住宅、公共事业中，究竟有多少是在动工前就已经对这些花费有了心理准备呢？无论如何，建筑一旦破土动工，人们迟早是要面对这一现实。很多时候，在不经意间，一个建筑物突然出现在我们面前，引起我们的瞩目，这是因为建筑是一个非连续的行为，它可以在很短的时间里完成。例如在阪神淡路大地震发生后，双重贷款问题成了人们关注的热门话题。因为地震的发生，有人在购房贷款尚未还清前失去了自己的家，为了重新拥有住宅，他们不得不再次申请贷款购买新房。为此，他们需要承担双重贷款的偿还义务。这实在是一个悲剧。

应该说凯恩斯本人也曾经注意到在他自己提出的理论中，对时间这个概念考虑得不够周全。曾经有人质疑凯恩斯：从长远来看，你的理论对解决问题没有任何帮助。对此，凯恩斯的回答是：如果从长远来看，所有的一切都已经消亡了。这确实是一个充满睿智的、令人浮想联翩的回答。由此可见，他依然没有超越割裂的想法，当然他也没有超越割裂的想象力。凯恩斯坦率地承认其理论的本质就是重复短期处方，也就是说，他的时间是不连贯的、分裂的，而这种被割裂的瞬间通过不断地反复，才有了时间的延续性。这就是他的时间观。所谓经验只是对时间的一种想象力。由于这种对时间的想象力不断深化，日趋细致缜密，住房抵押贷款政策和凯恩斯理论终于暴露出它们的破绽。

同样，通过对规模的精密计算我们发现了20世纪建筑的许多漏洞。上面我们已经提到，建筑物的大小是凯恩斯理论的依据所在，他的设想是以大而直观的东西为核心，来带动政治和经济的发展。因为规模大，自然会产生乘积效应，同时也使景气指数上扬有了可能。然而时至今日，无论是经济规模还是经济发展速度，都已经到了凯恩斯时代无法相提并论的程度。划分各国经济的屏障已经消除，“全球化”这个名词所体现出来的世界经济的相互依赖使经济规模发生了质的变化。在整个经济领域中，建筑的存在已经变得微乎其微，自然，我们不可能再期望这种微乎其微的东西来促进整个经济发展的乘积效应。建筑本身的规模已经变小，从经济的角度来说，建筑规模的意义也与以往有着天壤之别。总之，建筑物已经不能再像从前那样独立存在，它必须以各种各样的方式与外界发生联系。测定建筑物的规模也好、对建筑规模有所期待也好，都已经失去意义。无论是时间、空间还是物质，在当今的这个时代里，所有的一切都已经紧紧地联系在一起，分割和独立的时代已经一去不复返。

建筑的理由不复存在，期待建筑结果的行为也失去了意义，建筑物理所当然会遇到阻力。难道建筑物已经没有了存在的必要？在我们的生活中建筑物究竟是必不可少的东西还是可有可无的东西？本书的日标就是要彻底解开这一问题。20世纪初期，当美国提出住房抵押贷款政策，凯恩斯在欧洲风靡一时之际，也有人曾经提出过类似问题：建筑物究竟是必不可少的还是可有可无的？当然，当时只有人提出这个问题，却不曾有人提出与此相关联的另一问题，即：假设建筑物必不可少，那么这种建筑物究竟是什么样的？总之对于前一个问题，当时给出的答案是：无论如何建筑物都是必要的。为了社会能够稳固发展，为了资本主义制度能够继续，为了不发生革命，建筑物必不可少。总而言之，一句话，建设是必需的。这就是对上述问题的粗浅回答。当时，人们认为把建筑从周围环境中割裂开是必需的；认为独立于周围环境的建筑物是必需的。社会正是按照这个答案所要求的那样一直发展到现在，建设到现在。

今天，这个看似肤浅的、完全相同的问题又再被提及。不仅在建筑界，而且在包括经济、政治在内的广泛领域里，这个问题也不断地被提及，甚至还为此出现了异常激烈的争论。究竟建筑物是必不可少的还是可有可无的？

对于这一问题，我们能否做出更加确切的解答？当然这一解答不应该是匆忙得出的感性回答，而应该是深思熟虑后得出的理性答案。为了正确解答这一问题，首先我对建筑物是一个独立体表示质疑，所以我想就从这里着手进行研究。那种与周围环境息息相关的建筑物难道真的不会出现吗？那种不再与周围环境相割裂的、非独立的建筑物难道真的不可能存在吗？

首先是空间的结合。我们应该把建筑物和其周围的空间相互统一起来形成一个整体。在20世纪的建筑中，分割的行为意义重大。一个建筑项目确定下来以后，从项目开始到完成需要进行多次的分割，而且也确实按部就班地对项目的开展进行了分割。首先是确定建筑物的用地范围，于是就有了第一次分割，宅地这一特殊场所就从周围的土地中割裂开来了。而这个宅地绝对是一个孤立的平面。在这次分割之后，紧接着要做的事情就是建设，要在这块孤立的平面上，建起一个孤立的建筑物。而经过这样双重分割后才出现的建筑物实在是一个惹眼而又略显孤寂的物体。

如果建筑物像土地那样，又会怎样呢？我们知道土地是无法割裂的，它绵延不绝地向四周延伸，就土地来说，大小这种说法没有任何意义，因为没有人会感叹土地之大。于是，建筑物基本特性中的大而直观这一特性就不存在了。我们了解的所谓规模在这里不过像散落在地上的花瓣，或是滚落在地上的小石子那样，毫不起眼。建筑物的大小可以与散落地上的花瓣或小石子相提并论。而花瓣也好、小石子也好，对我们来说都是赏心悦目的东西。关于建筑物及建筑规模的问题，我们是否可以用这种方式重新进行思考？

在物质方面，我们是否有可能把建筑物和周围的事物统一起来？在20世纪里，建造建筑物的前提是要使用异质材料。所谓异质材料指的是那些有别于构成周围环境的物质的、与它们不同性质的材料，如混凝土、钢材等等。这些材料都是人工加工完成，在人们把它们制造出来之前，世界上任何一个角落都不曾存在过。可想而知，对于这种用“异质材料”建起来的建筑物，人们自然而然地会将其看成是一种孤立的存在，并自觉不自觉地将其与周围的环境割裂开来。而这种用异质材料建成的建筑物还有一个最大的缺点，就是它无法回归泥土。在过了使用年限后，就算所用的材料锈了、烂了，依然无法变回原先的那种泥土。

我们是否有可能利用那些散落在我们周围的、无人问津的物质来建造建筑物呢？例如，在不改变其性质的前提下，加固地下的泥土，然后把它们堆砌起来。这是一种我们称之为晒制砖法的施工方式，曾经在地球上得到过广泛应用。即使是现在，南美、非洲等地仍然有不少人居住在这种用晒制砖建起来的房子里。现在，我们已经不能简单地把这种施工方法说成是怀旧，因为真的是这一技术彻底推翻了建筑就是物质的浪费这一建筑定义。因为它，建筑也许不会再浪费物质；因为它，建筑也许会使物质再生；因为它，建筑也许会成为物质循环中的一个环节。

建筑在时间上的统一也许是最重要的一个课题。以往我们总是认为一个建筑物的诞生在时间上必须进行数次划分。首先在第一个时间段里，要拆除已有的建筑物，腾出一个空无一物的土地；接着，在第二个时间段里，在这块空旷的土地上破土动工，并在某一天里突然出现一个新的建筑物；最后，在第三个时间段里，当这个新的建筑物过了它的服役期后，人们会再次把它拆除。一切又重新回到起点，就好像时针被重新设置到零时状态一样。而钢筋混凝土这一材料的出现又进一步强化了20世纪的时间概念。因为使用了钢筋混凝土，所有的一切都好像是突如其来，令我们措手不及。混凝土这种东西一开始不过是液体似的稀稠的东西，然而有一天它会在很短的时间里突然变成一种无法补救的坚硬物体，从此难以回到原样。如果我们无论如何也要把它变回原样，那就必须花费大量的人力和物力，最为关键的工序是粉碎它们，而要做到这一点，大量的能源不可或缺，但是最后的结果也只能勉强算回到了起点，完全谈不上尽如人意。

与此截然不同的是木结构建筑。建造木结构建筑的时间是一个完整的统一体。因为老的建筑会留下一个框架，在这个框架的基础上，新的建筑会慢慢地渗透其中，一步一步地发生变化。对于这种建筑，人们会一步一步地建，一步一步地改，然后再一步一步地拆除。在这个过程中，没有“突然”这种时间概念。因为在时间上它是没有间断的，没有开始，也不会有结束，“完成”这种状态永远不会出现。建筑就应该这样随着时间的推移，一步一步地建造起来，而不是瞬间出现。那么我们是否可以设计出完整的、漫长的时间？我们是否可以设计出这样的时间设计图，就像漫长的时刻表、像日记、像历史那样？现在，我们称作日常设计图的东西不过是这种具有无限进深的设计图中的一个截面而已，可见眼前的设计图是如此肤浅，如此过于简单。

建筑物应该是可以与任何事物统一的一种存在，如果能够统一的话，那么对于上面提出的问题就有可能做出完全不同的解答。建筑物究竟是我们生活中必不可少的东西还是可有可无的东西？究竟是应该建还是不应该建？说到底，建筑物究竟是建筑还是革命？

首先，我们要超越这种浅薄的问题。其次，为了超越这种浅薄的问题，我们必须对把建筑物与周围环境割裂开来这一前提提出质疑。再次，我们要研究的建筑物是有着相互关联性的对象而不是被割裂开来的对象。那么我们就从这里开始吧。

2．场和物

在20世纪80年代这个距现在既不算近又不算远的时期内有两个非常突出的现象，我们就从这两个现象入手进行研究。这两个现象分别是泡沫经济和后现代建筑。这两个现象的共存不是纯粹的偶然。那么为什么泡沫经济时代同时又是后现代建筑时代呢？要回答这个问题，也许我们首先应该解开20世纪80年代这一特殊时期之谜。

20世纪80年代首先是泡沫经济的时代。所谓泡沫经济时代实际上是金钱游戏的时代。当金钱游戏失败，导致经济崩溃的时候，人们把它说成“泡沫”。80年代初期，日本的企业与企业之间最先出现了一股叫“额外收入”[2] 的投资热，紧接着这一投资热潮又延伸到普通百姓之中。对于这一现象，人们给它取了一个名字，叫“金钱游戏”。

那么，金钱游戏为什么会形成如此巨大的一股热潮？它是如何成为影响

[2] 制度上的一些变革（政策放宽）无疑是日本额外收入投资热的导火索。其一是1980年“中期国债基金”的销售；其二是1980年底伴随外汇管理法的修订而出现的外币存款自由化。

这一时期的重要现象？可以说，出现这种热潮的原因应该归结于同时出现在该时代的另外两个重要现象。这其中的一个重要现象是经济的高度增长突然停滞，经济发展速度锐减，经济进入低迷期。此时，企业业绩的增长速度已经达到顶峰，个人工资的收入也达到最高。在这种情况下，个人和企业不再依赖商品的流通获得利益，他们利用经济高度增长期里积攒下来的资本试图寻找新的出路。

这种现象并非只出现在日本。第二次世界大战结束后，美国经济的高度增长率急剧下滑，在美国同样出现了从流通转向资本的趋势。运用资本开展金钱游戏的现象在全世界范围内受到越来越多的关注。

造成金钱游戏热的第二个重要现象是信息化的发展，以及随之出现的各个领域向一体化方向发展的趋势。这个现象当然同样不只局限于日本。利用信息化的手段，我们有可能接触到世界范围内的各种金融商品、金融信息及房地产信息等，同时也使我们有可能对这些商品经过分析、筛选后实施投资行为。尽管不同国家存在程度上的差异，但是世界规模的金钱游戏已经开始了。

当这两个重要现象与日本固有的土地神话相结合的时候，空前的房地产热就拉开了帷幕。在日本，80年代里的一切变化都是突如其来的，例如，经济高度增长的停滞是突然发生的，向信息社会的转变也是突然发生的。然而，对于日本这个国家来说，决定性因素归根结底还是土地神话。在人口众多、国土资源有限的日本，无论是国民还是金融机构、财政当局，他们都坚信土地的价值将永远坚挺，不会下跌。有这一土地神话作为后盾，个人和企业就有了足够的担保能力来筹集足够的资本开展金钱游戏。

在产业领域一体化的发展过程中，由于不同产业的发展速度不同出现了诸多问题。在其他所有领域一体化迅速展开时，只有地产业的一体化进程异常缓慢。地产业一体化的滞后主要表现在人们在决定是否要搬家或搬迁办公场所时总是犹豫不决，就算新地方的土地价格远远比现在的要来得便宜，还是下不了决心。这也是造成日本土地价格暴涨的一个主要原因。即使最终所有领域都能够实现一体化，并且各个领域之间的界线消失殆尽，但是在一体化的进程中，它们的发展速度依然会出现很大差距。有些领域会发展迅速，但诸如地产业和整容业等领域却只能一步一步缓慢地向一体化前进。在现实生活中，我们知道只因贪图美国土地价格相对低廉而移居去美国的日本人少之又少；我们也知道因为羡慕别人身上的优点，如长相、体形等，而轻易去改变自己的容貌或外表也是不现实的。[3]而在这些一体化进程缓慢的领域周围，无疑还会发生各种不可预知的情况。例如，对于这些一体化进程缓慢的领域中的资源，人们往往会高估它们的实际价值。由于这些资源的价值受到高估，于是那些业已实现一体化并加速了其流动性的资源会义无反顾地全部投进来。所谓的泡沫指的就是这种现象。

土地这一商品“永远不会跌价”，有了这样一把土地神话的尚方宝剑，人们自然不甘心只用它来做担保。既然土地是一种永远都不会跌价的商品，自然会引起投资商的关注，并吸引投资商把大量的资金（80年代开始用这个词

---

[3] 所谓美容、整形等，是在与产业领域毫无关系的人体上强行开展产业领域一体化的尝试。

来称呼用于投资的钱）投到土地这个商品上。而投资商关注土地实际上同时也是关注建筑。通过在土地上建造建筑物，使土地和建筑物紧密相连，形成一种新型的捆绑商品，并使这种捆绑商品的价值得以提升，利润率得以提高。因为建筑物可以分割，所以投资商会在销售时把这种捆绑商品分成若干较小的部分，从而实现利于销售的价格。

有关土地价格，如果把容积率[4]和土地位置作为变数，那么用一种逻辑计算方式就可以计算出，但是用客观的计算方式却无法实现测定建筑物的价值。土地的价格几乎是透明的，与此相反，建筑物的价格却是模糊的。对于投资商来说，暗箱操作建筑物的价格是一件相当容易的事情。为了进一步提高建筑物的价格，降低其透明度，作为暗箱操作的手段之一，投资商开始重金聘用外国建筑设计师，新颖而奇特的设计式样大受追捧。[5]

新颖而奇特的设计式样不仅仅对投资商来说是一种暗箱，甚至对于承担建设费用的开发商（即作为开发主体的开发商）来说也是一种暗箱。大型综合建筑公司利用这种暗箱，可以从一项建筑工程中获取莫大的利益。同样，建筑设计师们无疑也欢迎这一取向。因为一直以来，开发商都认为新人的设计是“艺术家的恣意妄为”，是“反经济的行为”，因此新人的设计不断受到排

[4] 土地面积除以建于该土地上的建筑物各楼层面积之和。该数据根据所建建筑物的性质由行政当局决定。例如：假设容积率为500%，占地面积为300平方米，那么建于该土地上的建筑物各楼层面积之和为300平方米的5倍即1500平方米。

[5] 日元升值加速了这一现象的步伐。在当时，用几乎和日本建筑师相同的设计费就可以请来世界闻名的建筑师，而世界闻名的建筑师同样对于日本的要求也都积极响应。期间被称为“空间演员”的经纪人，也是该时代的活跃人物之一。

挤。然而突然有一天，“离经叛道”的设计和“离经叛道”的施工方法成了提高投资效应的“经济行为”，这些新人的设计开始备受欢迎。设计师们实在没有理由不高兴。

当然，“离经叛道”需要相应的理论依据来支持自己。不仅建筑师们致力于寻找理论依据，建筑新闻界也围绕这种理论依据展开了积极的报道和热烈的讨论。以广告代理商为代表的处于建筑外围的人们也积极参与其中，在关乎商品的理论支持方面，可以说他们都是专家。在面向投资商、一般媒体或新闻界的理论支持方面，他们拥有远远超出建筑师们数倍的知识和技巧，他们会利用小册子、广告等媒介来展开攻势。我们知道，单个的建筑物价格可以高达数亿甚至数十亿日元，如此高价的商品对于他们来说比任何东西都有吸引力。之后的建筑界对代理业者来说更是呈现出了最佳的开放格局。

最初，广告代理商只是以开发促销手段及开展促销宣传活动为目的，对于正在进行中的项目，他们不仅以广告公司的招牌参与其中，并且在这个过程中他们还开始自己策划、拟订新的建筑项目，以主角的姿态进军建筑领域。甚至出现了这样一种模式，即从选定建筑用地到决定建筑物的性质、等级、规模（指是单元住宅还是办公楼，抑或是饭店；如果是单元住宅，那么是出售还是租赁；是面向外籍高端顾客还是国内一般家庭；一套住宅的套内面积以多少平方米为宜等等），再到最后选定建筑师的这一系列工作都要受托于广告代理商。在这一模式中，建筑师沦落到了接受广告代理商委托的“承包人”位置上。这就意味着，从建筑物的平面设计到外饰、内装设计等，全都要由广告代理商拍板决定。而他们对建筑师的要求则只是为已经决定下来的箱子（建筑物）设计出漂亮的包装纸，并且在这层包装纸上谦恭地标上“由……设计”这样的署名而已。于是，对建筑师们来说，“著名”成了比什么都重要的一种才能。这不是开玩笑，也不是比喻，而是80年代的真实写照。广告代理商首先会把制作平面计划的工作委托给既听话且劳务费又低的大型综合建筑公司设计部(房屋建筑师)，当确信平面计划在项目开展和市场方面都没有问题时，才开始接触“著名”的建筑师，而他们委托给建筑师的工作却只是包装设计而已。

如果建筑物只是一种商品的话，这样的做法应该说并没有什么不妥。因为广告公司只是对已有的商品进行广告宣传，而广告代理商则是在商品从策划、拟订到实施的过程中负责整体的组织协调，因此从“广告公司”向“广告代理商”的转变就成为20世纪广告代理商的一种发展趋势。因此所建的公寓和办公楼如果是用于投资的商品，那么对于以此种方式展开的项目，我们完全不必感到惊讶。

事实上，广告代理商在建筑业中所涉足的范围远不止作为商品的公寓和办公楼，他们几乎涉足了所有类型的建筑物，如企业总部大厦、由民间团体出资建造的美术馆、文化厅等那些与投资类商品相去甚远的建筑类型。建造企业总部大厦，首先必须了解企业的形象战略(即所谓的CI)，并在此基础上制订与此相符的平面计划和设计计划，而这些工作都是由广告代理商来完成的。[6] 除此之外，广告代理商还要针对不同的企业，对他们的总部大楼提出

---

[6] 当然，实际制图几乎都是由大型综合建筑公司的设计部完成的。

相应的合理性建议：是否应该设置音乐大厅，是否要在大厅里设置一个绿色区域等等。根据具体情况，广告代理商还要为实施这些建议拟订相应的平面计划。建造由民间团体出资的公共美术馆，广告代理商首先要对将来可能展出的内容、可能参观的人数等进行预测，并在此基础上决定与该美术馆所在城市相得益彰的新建筑物的规模、外形和内饰。

说到这里，我们已经无法简单地用下面的图式来解释这种现象了——即由金钱游戏引发的“建筑商品化”，伴随着建筑商品化又出现了广告代理商向建筑行业的渗透的这样一个图式。事实上，为数众多的建筑师并不欢迎这种现象，他们认为广告代理商参与建筑的平面计划和设计业务是对建筑师职业范畴的侵犯，他们始终对倡导“建筑商品化”的广告代理商持批判的态度。但是代理商参与建筑不一定与金钱游戏同步。因为在金钱游戏开始之前，也就是在80年代之前，代理商就已经开始涉足建筑。大型综合建筑公司、内装业的策划部门和开发部门在更早的时候就开始以代理商的姿态参与到建筑物的策划、拟订和平面计划中了。所谓代理商的姿态实际上是尊重并贯彻建筑委托方（广告主）意向的一种姿态，也就是按照广告主的逻辑和语言，片面地设计建筑物的一种方法论。

在泡沫消失、金钱游戏热消退以后，这种现象不仅还在继续而且还有所发展。根据对时代、用地、客户等诸多条件的分析、依据以往经验的积累，建筑物的计划、规模、平面计划、包装设计等顺应市场的规则而自动地受到引导。可以说建筑设计作为市场的一个方面而不断被广义的代理商界蚕食。

既然说到了代理商，那么我们不能不提到另一个重要角色。

在谈及泡沫时代的建筑文化时，我们不能忘了大型综合建筑公司所起到的作用。在这个时代里，大型综合建筑公司通过庞大的工程量和高额的利润率，赚取了莫大的利益。前面我们提到了建筑师的理论支持，对此，大型综合建筑公司表现出极大的热忱，他们从赚得的利润中拿出一部分资助建筑师们开展这项活动。具体来说，在这个时代里，凡是以建筑师为核心举办的各种文化活动（如国际研讨会、展览会等），大型综合建筑公司都会给予大力支持，而支持的力度远远超过以往任何时期。[7] 由于得到了他们的支持，日本建筑师在世界建筑业中获得了前所未有的高度评价。日本建筑师之所以能成为国际研讨会的主办人、组织者，之所以能在国外主要美术馆举办展览会，都是仰仗大型综合建筑公司不遗余力的支持。正是通过这类活动，日本建筑师们的国际地位一路飙升，声名远扬。因现代艺术在世界范围内的停滞不前甚至地位下降而遭遇经营危机的海外美术馆，非常欢迎日本建筑师提出的这些计划。所以，这一时期，海外众多一流美术馆里频频有日本建筑师的个人展。不仅如此，日本建筑师还回过头来向日本国内推荐和介绍海外建筑师，通过这种行为，他们同时又提高了自己在国际上的声誉。而这一切文化活动都离不开日本当时强大的经济实力。

当日本建筑师在国内的主要职能范畴部分不断受到广告代理商蚕食时，他们在国外却获得了空前的高度评价。不可否认，这很有讽刺意味。在各个行业都似乎感到失落时，建筑行业同样不可避免地体验着找不到自身定位的痛苦。

---

[7] 对于这样的支持，80 年代以后开始使用“社会贡献活动”这一世故的用语。

尽管存在形形色色自相矛盾的现象，80年代的日本建筑业还是呈现出前所未有的盛况。建筑业作为这一时代的宠儿在国内受到普遍关注，海外建筑师们也虎视眈眈地觊觎着日本的工作机会。由于得到大型综合建筑公司的资金支持而加速发展的建筑业在国外同样受到热切的关注。尽管80年代建筑业也存在泡沫，但我们仍然无法否认它有其成功的一面。在所有个性鲜明的产业背后，都有着特殊的社会需求和经济主张作为支持。就建筑产业而言，在经济泡沫的膨胀和建筑文化的繁荣之间，有比以往任何时代都要牢固的连带关系。然而，时至今日，80年代的建筑文化已开始呈现消退的趋势，其原因就在于建筑文化的本质与经济一样在于提升。例如，在泡沫开始的时候，人们邀请权威的海外建筑师来日本工作，利用他们已经建立起来的品牌效应提高建筑这一商品的价格。当然受邀请的建筑师也相应的得到了设计预算庞大的大规模作品的机会，从而提升了他们的社会地位。但是这里所说的品牌必须是名副其实的品牌，因为人们对这些品牌是有所期待的，因此也只有那些能满足人们期待的建筑师才有机会受到邀请，从海外来到日本。例如：迈克尔·格雷夫斯[8]设计的作品如果不符合迈克尔·格雷夫斯的风格，不像他这个品牌的作品，那么他将不会受到人们的推崇。而对于像菲利普·约翰逊[9]那样每次设计作品的风格都会有很大

[8] 迈克尔·格雷夫斯(Michael Graves 1934—)，美国后现代主义建筑师中的代表人物。泡沫经济时期，在日本获得工作机会最多的建筑师之一。

[9] 菲利普·约翰逊(Philip Johnson 1906—)，20世纪美国建筑师的代表人物。曾经作为欧洲现代主义建筑运动的倡导者而登场，后来又作为后现代主义的策划者而成为20世纪80年代世界建筑界的核心人物，之后又于1988年举办名为"解构建筑"的展览会，宣告与后现代主义决裂。

改变的建筑师，人们会敬而远之。

人们对日本国内建筑师的要求也一样。在泡沫开始之前就已经确立了其身份（品牌）的、作品的设计风格稳定的建筑设计师备受欢迎。他们不仅在国内受到欢迎，而且大型综合建筑公司还会主动向他们提供资助，帮助他们走向世界。于是，那些已经在国内确立了地位的建筑师又有机会去海外赢得荣誉，他们的社会地位也因此得以进一步提升。所以在设计领域，与设计图（现在的实力）相比，人们更重视的还是资本（之前积累起来的）。

20世纪20年代的纽约与80年代的日本经历过同样的经济泡沫，也经历过同样的房地产热、建筑热。[10] 在那个年代里，随着新思潮，出现了为数众多的新建筑师，他们做了一个又一个的建筑实验。像洛克菲勒中心那样的新型城市综合体就是那个时代的产物。可以说，之后的20世纪城市建筑的模型基本上都是在那个年代里设计出来的。遗憾的是，日本的泡沫始终在于提升已有的权威、既成的设计，显然缺少对后世的警示、建议和启示。

上述内容既是对泡沫现象所作的解释，也是对泡沫时代为什么同时又是建筑时代、建筑文化时代等问题所作的诠释，同时，还是对社会、经济等建筑领域以外的泡沫现象，以及对80年代的建筑和城市特点所作的阐释。但是这种“泡沫论”，充其量只能解释该时代建筑、城市特殊性的其中一个侧面而已。

那么建筑、城市特殊性的其他侧面又是什么样的呢？那就应从该时代的

---

[10] 代表这一热潮的产物是帝国大厦、克莱斯勒大楼等被称为“装饰艺术风格的摩天大楼”的超高层办公楼群。

设计特点来论述泡沫时代的城市和建筑。从设计的观点来看，20世纪80年代无疑是后现代建筑的时代。什么是后现代建筑？为什么后现代建筑会主宰80年代并与泡沫时代并驾齐驱？

远在世界陷入金钱游戏之前，建筑世界早已有了“后现代”这个词。1977年查尔斯·詹克斯[11]《后现代建筑语言》(*The Language of Post Modern Architecture*) 一书的出版是“后现代”这个词流行的开始，但是“后现代”一词用来概括某种社会运动最早可以追溯至20世纪60年代。

罗伯特·文丘里[12]所著《建筑的综合性与对立性》(*Complexity and Contradiction in Architecture, 1966*) 一书是建筑领域里后现代运动最早的宣言。文丘里在著作中收录了大量以往风格化建筑的照片和图片，曾一度震撼了人们的思想。因为在很长一段时间里，以往的风格化建筑在建筑界几乎是一种“禁忌”的东西。

20世纪初，建筑界兴起了现代主义运动。人们高喊“装饰就是犯罪”[13]的口号，批判并彻底否定19世纪以前的风格化建筑，随之而来的是功能主义[14]得以盛行，没有任何装饰的、外形简单的白色箱子似的建筑物受到欢迎。人

---

[11] 查尔斯·詹克斯 (Charles Jencks 1939—)，出生于美国，主要活动范围在英国的建筑评论家。

[12] 罗伯特·文丘里 (Robert Venturi 1925—)，美国建筑师。后现代运动的理论支柱，同时在实业界又是20世纪后期美国建筑界的领袖人物。

[13] 这是代表现代主义建筑运动的澳大利亚建筑师阿道夫·卢斯 (参见注38) 的话，说出了现代主义建筑的本质。

[14] 只依据功能来决定形式的观点。美国建筑师路易斯·沙利文 (Louis Sullivan) 说过的“形式总是跟着功能在走”这句话广为流传。

们给这种建筑风格冠以现代主义建筑的称号，之后的20世纪里，几乎所有的建筑师都遵循这一模式进行创作。

那么现代主义为什么要否定装饰，否定风格化建筑呢？要讨论后现代主义首先必须从这个问题入手。有关这个问题的答案可谓繁多。有一种说法是，种种现代化技术的出现取代了以往工匠的手工作业，而这一技术上的转变最终导致了建筑表现形式的转变。[15] 另有一种说法是，19世纪的折中主义，即风格相对化现象的饱和，结果导致了零风格现代主义的登场等等。各种说法难以一一细表。

毫无疑问，这一切都是导致现代主义粉墨登场的重要因素。但是众多建筑史学家们看到的只是“风格的生态学”，而忽略了导致现代主义产生的“经济学”。关于孕育了现代主义的经济学，我们简单地用一个标题来概括，那就是一种 “办公大楼的经济学”。也就是说，19世纪办公大楼这一建筑类型（建筑物的种类）的出现，是现代主义诞生的开始。对于这一重要的事实，历史学家和建筑师们没有给予足够的重视。究其原因，是当时的建筑师们在设计现代主义根源的办公大楼时，他们既没有发表现代主义的宣言，也没有著书立说；而现代主义的主要宣言和声明是20世纪以后因建造实验性小住宅而粉墨登场的先锋派建筑师发表的。他们虽然只建造了小型住宅，但他们在舆论方面却进行了大量宣传。相反，19世纪创作办公大楼原型的那些建筑师们则

---

[15] 关于这一说法，现在众多的建筑史家持否定的态度。关于建筑技术，根据实事求是的观察，19世纪现代主义之前的建筑和20世纪现代主义建筑之间，在技术上互有联系。

图3 奥列尔大厦由彼特·艾利斯（Peter Ellis）于1864年设计，被认为是现代主义办公大楼的先驱，建筑的特点是重复宽大的玻璃窗户。

在不经意间成了现代主义（图3）阵营中的一员。

仅仅因为19世纪的办公大楼是现代这个时代的产物，它还不能算是现代主义的起源。我们不会因为由于产业革命而出现的大型工厂里塞满了现代化的机器就称它是现代主义的起源；同样，我们也不能说19世纪资产阶级的住宅是现代主义的起源。办公大楼也好，大型工厂也好，抑或资产阶级住宅也好，它们都是为了某类特定的主体而建造的，原则上最终是要归属于某类所有者的。这不仅仅是指工厂或住宅，毕竟建筑这种东西原则上就是这样要归属于某类特定主体。

与此不同的是，办公大楼这一建筑类型在建设之初原则上是没有一个确定的主体的，即使有，也可能随时更换。例如：今天属于A公司的办公室明天也许就成了B公司的办公场所。所以，建设办公大楼的前提就是这样，它是随时可能更换主体的，或者说它根本就是一种无主体的建筑类型。

既然这种建筑物随时可能更换它的主体，那么它就应该追求中立的建筑表现，构建中立的内部空间。而有装饰的外观、特定的建筑风格自然与中立的建筑表现相去甚远，当然，富于变化、错落有致的内部空间也不适合这种用途的建筑。最有市场的办公大楼是那些天井高度完全一致、内部空间尽可能相同的建筑。而这种建筑物要求与每个特定主体的个体愿望尽可能地保持一定的距离。说到底，现代主义的建筑风格实际上就是这种随时可以更换主体的或者说是无主体的建筑风格。当办公大楼在20世纪的城市建筑类型中逐渐成为主流，现代主义也很快占据了主导地位。

就这样，现代主义取得了一次划时代的成功。而其成功的原因却只是它巧妙地与欲望保持了一个最佳的距离。即现代主义在提倡无主体的同时，没有全盘否定每个主体的欲望。现代主义建筑师的代表密斯·凡·德·罗[16]提出了一个叫整体空间的空间概念，而整体空间无非是有关建筑与欲望的一个新规则而已。

那么密斯是怎样定义整体空间的呢？所谓整体空间就是可以任由你去改变的自由空间。这个空间是由地面和天井两个平行的平面构成的、绝对等高的空间，在这个空间里，它的主体可以通过简单的隔断、随意安置家具而轻松地完成该空间的角色转换和功能转变。

物质（隔断和家具等）可以屈从于人类的欲望，而建筑却不会，这就是密斯提出的整体空间理念。在他看来，建筑物是物却不等于商品，它是一个放置商品的场所，是处于商品元级的一种存在。关于商品和建筑，密斯还提出了新的分类，并通过实实在在的建筑使这一分类更加清晰。很快，这一理念席卷了以无主体为基本空间理念的20世纪都市。

整体空间的理念为什么会取得如此辉煌的成功？这是因为它在肯定人类欲望的同时又提出它是不屈从于人类欲望的一种建筑存在方式。密斯通过整体空间批判的是19世纪资产阶级的建筑室内风格。在这种风格中，建筑物与物（商品）紧紧相连，密不可分。建筑完全屈从于欲望。

[16] 密斯·凡·德·罗（Ludwig Mies Van Der Rohe 1886—1969），出生于德国的20世纪建筑师的代表人物。因大量使用了铁和玻璃的纯粹建筑而闻名于世。

资产阶级的建筑室内风格充分反映了19世纪资产阶级的欲望。这是沃瓦特·本雅明[17]提出的看法。他们的室内展示了各种各样反映他们梦想、趣味和欲望的东西，墙体上、天井上到处装点着无数的饰品、材料和色彩。本杰明称这种室内装饰是“失败的物质”。在这样的空间里，建筑体本身也好，摆放在其中的物品也好，所有的一切都已经脱离了资本主义制度下的物质循环和相互联系，它们只是静静地等待死亡的来临。为什么这样说呢？因为在当事人以外的人看来，这种“失败的物质”不过是一些令人厌恶的垃圾罢了。

当然，“失败的物质”不只是出现在资产阶级的建筑室内。恩格斯用另外的表现手法同样讲述了住宅本身归根结底也是“失败的物质”。[18] 他反对以劳动者为对象的住房抵押贷款政策。他指出在资本主义制度下，资本家以外的社会阶层即使拥有了自己的住宅，但是这些住宅既不会成为资本，也不会带来利润。所以住房抵押贷款政策不仅不会改变劳动者被资本家剥削的地位，相反，那些有了私房的劳动者为了偿还贷款，不得不像曾经受缚于土地的贫农一样辛勤地工作。

整体空间就像是一张可以解救建筑物于“失败”的处方。这张处方由于把建筑物从物（商品）中分离开来，而使得建筑永远不再失败，永远充满生机。然而，这张处方只是对本雅明指出的疾患有疗效，却奈何不了恩格斯指

---

[17]《通道论》，瓦尔特·本雅明（Walter Benjamin 1892—1940）著今村仁等译，岩波书店1993至1995年出版。

[18]《论住宅问题》，弗里德里希·恩格斯著，霍廷根－苏黎世1887年出版。

出的疾患。因为即便是整体空间（现代主义建筑），如果它不能成为资本，不会带来利润，那么其结果还是脱离不了“失败”的命运。

要解决恩格斯提出的问题，还需要另外一张处方。那就是20世纪所开出的处方，这张处方就是城市规划中的区域规划制。

所谓区域规划制，一言以蔽之，就是对于准备建于某场所的建筑物，事先设定并限制其建筑类型和体积的一项法律制度。[19] 在这一法律制度的约束下，即使住宅本身不能成为资本那样的建筑物，但至少可以保障其作为资产的价值。例如，设建筑物的容积率为300%，那么在该土地上就可以建一座三倍于所用土地面积的建筑物。根据该地区的房屋租售行情和区域规划制，一旦有了该建筑物的建筑面积，那么其土地价格基本上也就自动决定了。相反，如果没有这样一项制度进行约束，人们就无法了解某处可以建何等规模的建筑物，同时也无法确定土地的价格。乍一看，区域规划制的目的似乎是为了保护环境，实质上，隐含在区域规划制背后的思想却是为了使土地资产化，并稳定土地资产的价值。住宅可以成为资本，所以它不会“失败”。这就是20世纪对恩格斯提出的问题所做的回答。

的确，在许多方面区域规划制拯救了20世纪的城市。在容积率制度引入以前，土地价格处于极不稳定的状态。20世纪20年代，纽约市发生房地产泡

---

[19] 1916年世界上第一个区域规划条令在纽约市内实施。该条令由用途区域规划、高度限制和空地率三大部分构成，这三部分作为20世纪都市建筑行政的核心，成为之后全世界各自治体的模型。

图4 （左）克莱斯勒大楼由威廉·范·阿伦（Williams Van Allen）于1930年设计。
图5 （右）帝国大厦由史莱夫－兰布－哈蒙（Shreve, Lamb and Harmon）建筑事务所于1931年设计。

沫的原因之一，据说就是因为容积率制度不完善造成的。当时，不仅容积率制度不完善，而且对建筑物的高度也没有任何限制。塔状建筑物可以无限高地建在一个只占土地面积四分之一以内的位置上。这简直令人难以置信。然而一个又一个高容积率的摩天大楼就在它们只占土地面积四分之一的范围内拔地而起，如克莱斯勒大厦（图4）、帝国大厦（图5）等等。结果造成办公室大量过剩，办公楼内出现无数空房，以至于资产价值和租金急剧下跌。区域规划制正是从这样的事例中充分吸取教训，最终得到完善。正如凯恩斯政策取代自由放任的政策，从恐慌中拯救了20世纪的经济一样，区域规划制的完善也保住了20世纪的城市。

对于郊外住宅，区域规划制同样规定了可建区域和禁建区域。政府只允许郊外住宅在规定的“居住区域”[20]内进行建造。在这些区域内，工厂或办公楼的建设严格受到禁止。通过这一系列措施，住宅的资产价值得到了保障。因为，独门独院的住宅具有很强的主体（业主）归属性，它不会像办公楼那样可以形成一个自由租赁的流动市场。所以无主体形式，即办公楼内整体空间的形式，在这里并不适用。于是，20世纪的人们开始认为，只要区域规划制能够保证住宅作为资产的价值，而不是恩格斯所说的产生利润的资本，那么还是可以把物质从“失败”中解救出来。

就这样，20世纪的城市以整体空间（现代主义建筑）和区域规划制为两

[20] 就日本来说，又进一步分成居住区域、第一类居住专用区域、第二类居住专用区域等。

大支柱开始了它们的进程。但是，很快这两大支柱便动摇了。造成这一状况的最大原因是因为以这两大支柱为前提的资本制本身变了样，而它的变样不久又以后现代主义建筑风格的形式出现在人们面前。

所谓两大支柱的动摇，一句话，就是资本与商品（资产）之间的界线模糊了。在古典资本主义体制下，资本和商品是对立的两种存在，它们之间的界线非常明确。在这一体制下，资本是一个主体，商品则是一个客体，他们之间的关系是资本创造商品，两者绝不会发生混淆。

但是资本主义制度发展到20世纪后期，资本和商品之间的界线开始变得非常模糊，资本出现了商品的特征，而信息化和宽松的制度又给这一变化提供了更大的活动空间。在投资活动中，资本不再是主体，而是变成了客体（商品），企业之间的收购、合并成了家常便饭。众所周知，客体（商品）必须具备一种利于销售的外形（包装）。这是资本主义制度下商品的宿命。那么资本的外形又是什么呢？可以说有资本投入的办公大楼是最便于理解的一种资本外形。办公大楼为了保证资本投入不至失败，要求有一个中立的设计，尽管如此，它们依然需要一个有个性的、利于销售的外形（正面），一个能唤起人们念想的外形。对于这一需要，企业的总部大厦自不必说，在有资本投入的用于租赁的办公大楼中，同样开始要求个性化的外形（正面）。被称为后现代摩天大楼的有个性化外装设计的办公大楼就是这一资本制下出现的变异产物。资本作为主体，需要的是缺乏个性的整体空间，而当资本作为客体时，有个性的后现代主义则成了它必须依赖的东西。

主体与客体的概念混淆与职能转换的情形同样也体现在郊外的住宅上。

图6　（右）明尼阿波利斯联邦储备银行（设计：冈纳·伯克兹 1972）
图7　（左）城市合作中心（设计：休·斯塔宾斯 1978）

20世纪初，由国家制定的区域规划制保障了郊外住宅作为资产（商品）的价值，然而，到了20世纪后期，随着资本制发生变异，这里也出现了一种新现象。即只要把住宅用做担保，那么具有资产价值的住宅就可以轻而易举地转化为资本，人们利用这一资本为主体可以自由地参与到金钱游戏中去。在日本，因受土地神话的影响而暴涨的个人住宅纷纷转化成了令人难以置信的巨大资产。恩格斯曾经提出过的警告这时完全失去了作用，而这种情形也是他从未预料到的。人们坚信劳动者和资本家之间的差别已经消除，他们开始投资股票，投资房地产。而正是由于他们的这些投资行为，加速了后现代主义的发展。以住宅为担保的资金衍生出了无数个后现代摩天大楼。

那么，后现代主义建筑究竟是一些什么样的设计？我们能否把后现代主义建筑的设计大致概括一下？资本制的变异导致了称为后现代主义的建筑设计。办公大楼作为资本的容器、资本的身体，对其外貌——即为了便于流通（销售）——有了形象要求。当然，对于这样一种要求，建筑师们并没有很快做出回应。其实想要获得便于流通的视觉表现力，只要采用历史上风格建筑的词汇，就很容易做到。无论是古典主义建筑还是歌德式建筑抑或是巴洛克风格建筑，它们与现代主义建筑相比都具有非常强烈的视觉表现力。但是纯粹使用风格建筑的词汇是现代主义最大的禁忌，所以他们犹豫了。他们深切地感受到了职能的内部规范（放弃风格）和来自社会对外部的要求（引入视觉表现力）之间的强烈矛盾。

这时，建筑师所面临的选择只有两个：一是摆出古典式的架势，采用一步一步地证明风格建筑的“合理性”和“正当性”这一方法。以前面提到的

图8　波特兰大楼（设计：迈克尔·格雷夫斯 1982）

罗伯特·文丘里所著《建筑的综合性和对立性》(1966年)为代表的方法就属此例。另一个是在现代主义允许的范围内强调视觉表现力的方法。由冈纳·伯克兹（Gunner Birkerts）设计的明尼阿波利斯联邦储备银行（图6)、由休·斯塔宾斯（Hugh Stubbins）设计的城市合作中心（图7）是这一方法的代表性作品。在这两个作品中，前者的巨大拱形悬挂式结构使正面具有极强的视觉表现力；而后者把最顶层的设备机械空间做成了锐角形，同样赋予了建筑物顶部很强的视觉表现力。这两者自始至终都只是在追求建筑功能的过程中出现的副产品，其基本的设计思想终究还是固守了现代主义的基本原则，即技术的合理性。于是，高难度的辩论开始了。

上述的设计思想隐含了根本性的矛盾。社会所要求的只是视觉表现力，如果无论如何也要让视觉表现力和现代主义规范并存的话，那么建筑师将不得不解决像明尼阿波利斯联邦储备银行大楼上巨大拱形那样的风格问题，因为它已经大大偏离了社会要求，既不经济也不合理。这种风格的设计实际上已经与现代主义原则背道而驰。

正是由于这一对矛盾，使得通称为晚期现代主义的过渡性建筑时代很快结束，取而代之的是后现代主义的建筑(图8)。对于用普通技术建造起来的、只采用了普通平面设计的建筑物，后现代主义试图赋予其极其强烈的视觉表现力。相关的理论思想在文丘里等人所著的《向拉斯维加斯学习》[21] 一书中

[21]《向拉斯维加斯学习》(*Learning from Las Vegas*,1972)，由R·文丘里等人合著，石井和纮、伊藤公文译，鹿岛出版社1978年出版日文版。

有完整的论述。这一理论提出如何去欣赏普通的技术和计划，也就是说，它认为没有必要对所有事物进行反复的推敲和斟酌。80年代的建筑和城市已经完全沾染上了后现代主义的色彩。

然而，随着泡沫经济的破碎，后现代主义也跟着彻底地破灭了。当建筑师们接触到资本的商品化、建筑的商品化这一新的现实后，他们试图用后现代主义的建筑词汇来诠释这种现象。但是建筑这一商品的行市首先暴跌，随后，后现代主义的设计理念也在一夜间一落千丈。

那么，这个趋势究竟是什么样的呢？的确，作为一种风格的后现代主义已经结束，但是建筑的商品化速度却提高了。那么问题究竟出在哪里呢？回顾一下80年代，那时，我们对于建筑这一商品无论在如何设计的问题上还是在如何看待它的问题上着实过于幼稚。在经济发展一体化和信息化的时代里，我们没有意识到这个商品竟是如此凝重。首先在建设的过程中，这个商品需要耗费大量的能源、物质和空间；一旦建成后，它又将会几乎半永久性地占据某个空间，并在城市里不间断地展示它的风采。当其他商品为适应时代的变化而不断更新、新品种层出不穷的时候，我们不能不感受到建筑物这一商品的凝重——重得令人绝望。然而，尽管如此，人们还是在不断地建造新的建筑物，就好像在设计制作一件轻便的商品那样。

为什么如此凝重的商品在这个经济发展一体化和信息化的时代里会成为热点？为什么人们依然对这个凝重的商品投入巨额的资金？

无疑，这与人们在这个时代里终于可以自由购买建筑物有着密不可分的关系。对大多数百姓来说，建筑物曾经是那么遥不可及，当他们能伸手触及这一商品时，很自然地表现出了异常的兴奋，并做出热烈回应。这就是80年代——一个人们对建筑物表现出过度热情的时代。于是又出现了另一个问题：为什么人们可以自由地购买房子了？为什么他们可以买得起房子了？原因是建筑物变小了。相对于经济发展一体化和信息化来说，建筑物显然小多了。这就引出了一个该时代最重要的又似是而非的现象——在经济发展一体化和信息化的过程中，建筑是一种与这个过程最无缘的、极其凝重的商品，但正是在这一商品之上，人们狂热地倾注了他们的激情。从某种意义上来说这也是经济发展一体化过程的一种宿命。由于经济一体化的发展，使得凝重的商品一个接一个地称霸社会，人们感觉曾经很凝重的商品现在变轻了，变小了，相同的东西感觉不同了。人们的这种对物质感觉的变化反过来又改变了物质的存在，也使设计发生了变化。这股逆流实在令人不可思议。由于这股逆向涌来的潮流侵袭了建筑业，使建筑业发生了巨变，80年代正是这样的一个十年。

其结果是，无数后现代摩天大楼高高地耸立在世界各地的众多城市里。本雅明曾经看着19世纪建造的资产阶级的宅邸，声称它是“失败的物质”。而到了20世纪末，“失败的塔”却留在了我们的城市里。无论是失败的物质还是失败的塔，他们都显得那样凝重、那样灰暗、那样无奈，而它们又都是经济一体化发展过程中出现的特殊产物。

密斯认为要从这种“失败的物质”中拯救人类，除了把建筑和物（客体）分割开来别无他途。他认为建筑应该是处于物质元级的一个中立的场，在这个均质的场里，人们可以自由、轻松地实现物质和欲望。他把这种建筑称为整体空间。但是如果单纯地把建筑当作一个物来进行建设的话，那么它就无法成为纯粹意义上的场。整体空间只是一种假设，不过是他的一种愿望。这就是我们在经历了现代主义和后现代主义之后得到的宝贵教训。

确切地说，场与物（客体）是相对的。既没有永远作为场的事物，也不会有永远作为物（客体）的事物。曾经被认为是场的东西，随着经济一体化的发展，不知何时就轻轻松松地转化成了物（客体）。在一个建筑占据极重比例的时代里，建筑相对于物的分割是有效的。也就是说，密斯分割法——利用整体空间的形式所进行的形式化分割——是有效的。然而，当所有事物，包括建筑和物，都变轻了的时候，显然这样的分割就失去了效力。围绕后现代主义和泡沫经济的一系列事件就是建筑和物的割裂已经失效的最好证明。

现在我们仍然在摸索场和物（客体）之间的新分割方法。比如说，先有一个绝对的场，叫环境，在这个场里，包括建筑在内的所有作为客体的物都可以自由行动。这也许就是一种可行的分割方法。它是一个新的模式，取代了密斯分割法。在这个模式中，有一点是非常重要的，即建筑必须具备物所拥有的轻便特征。密斯曾经在分割场和物时，尽可能地把隔断和家具等设计成相当轻便的东西。同样，我们也需要尽可能地使建筑物变得更加轻盈，更加小巧，从而减轻建筑对环境的凝重度，这是新的分割方法对建筑的存在方式提出的新的要求。勒·柯布西耶提出的立柱[22]方案给人的印象就是一个轻盈的建筑物从环境中割裂开来了。他可能是这种分割方法的先驱。可以说，建筑设计在大量使

[22] 支撑建筑物的独立的柱子。

用玻璃后已经彻底变轻了，这也正是走向这一分割方法的成功实践。

然而，不管你如何划分这条新的分割线，这些分割模式丝毫也没有脱离开分割这一现代化的方法论；没有脱离开把世界二分为场这一不变的事物和欲望对象的物（客体）的这一方法论。

把世界分割成场和物的这种思维模式不仅主宰了现代建筑和设计，而且还深入到我们思维的所有领域。例如，函数的思维模式。函数是一个不变的场，在这个场中代入可置换的变数这一思维模式就与此相同。这时，关于函数是线形的还是非线形的分类，即关于函数是可以预测的还是不可预测的分类其实没有太大的意义。从这个意义上来看，非线形论显得非常无聊。因为在设定函数和变数这一对数时，它已经受到了场和物这一分割图式的支配。

那么我们是否有可能超越分割呢？例如：计算机OS（操作系统的缩写）被称为是客体指向，它的新颖之处在于它否定了函数和变数的分类。在这个系统中，变数不是代入函数中的数，而是与函数等价的一个数。正因为如此，计算机的运算速度得到了飞跃的提升。虽然客体指向的说法容易引起误解，但是这里所说的客体指向，指的是不对场和客体进行分类，而把算子（场）和变数（客体）都看做是客体，而这两个客体又是等价的。在以往的OS中，当函数变得复杂的时候，函数的嵌入状态（通常被称为子程序）往往会发生重叠，导致运算处理需要花费更多的时间。而客体指向因为没有上下等级之分，不会发生上位涵盖下位的嵌入状态，所以函数越复杂越能显出这种等价方法的优越性。

我们现在需要的就是这种与客体指向相同的思维模式，即不分割场和客体的思维模式；在具体操作过程中，模糊场和物之间的界线，使之无法进行分割。所谓世界变复杂了，指的是这样的一种状态，即：物、建筑、城市，所有的一切都紧紧地捆绑在一起难以割裂，而与这一切相关的如信息、欲望等等也与它们紧密联系在一起，相互融合，不能分割。因此，再用场和物的这种关系来适应这个世界似乎已经没有可能了。

重要的是，尽管像这样所有的一切都已经完全融合在一起了，但是世界还没有混沌到我们无法了解和无法计算的程度。虽然世界极其复杂，但是我们依然可以了解它，对它进行计算。我们已经学会了用计算机来处理这种复杂的情形。现代的城市计划、现代化的设计还在依赖分割原理，但我们已经预感到将有一种新的原理来取代这一分割原理，并且我们已经不只是停留在预感上，因为我们已经开始在进行实际演算了。

3. 何谓批判性？

我深切地体会到批判性这一术语正是解读“现代”这一时代的关键词。这个词在我的脑海中挥之不去，我感到这个词拥有巨大的、令人不可思议的魔力。对于设计者来说，得到“具有批判性”这样的评语是一种莫大的荣幸——与其说“漂亮的建筑”，不如说“具有批判性的建筑”。后者更令设计师们感到由衷的高兴。那么，它为什么会有如此巨大的魔力呢？应该承认，尽管有着如此神奇的魔力，我们对于批判性究竟为何物却是出乎意料地模糊。所以，想要了解现代这个时代，或者说想要批判作为“现代”这一时代产物的现代建筑（如果硬要重复批判性这一术语的话），那么，我认为弄清楚这一模糊的概念无论如何都是必需的。

为此，我们首先应该从相关的美学或者建筑视角出发，来探寻“批判”的具体概念，弄清楚“批判”这一概念中的主体和客体、方法和结果。一个人因为什么目的批判他人，通过批判他人又能得到什么，等等。我们必须记住一点，就是在批判的背后一定存在某种权力的斗争，而建筑及艺术领域里的权力斗争则是紧紧围绕作品来展开的，这是此领域的权力斗争的特点。权力斗争的核心是作品，斗争的展开以作品作为武器。权力斗争的战场包括言论、媒体、社团组织等等，它们相互联系并无限延伸。而作为斗争工具，如果作品不具备批判性这一锐利武器的话，那么这个作品实在不值一提。正确地说，建筑师们要以具备批判性为前提，来创作完整的作品，创造出包括周围言论、媒体在内的一切环境（战线），而在这个过程中，他们必须奋起展开斗争。在这个意义上，批判性这一概念，或者说工具，并不是现代固有的东西。因为无论在哪个时代，建筑和艺术行为的周边都有权力斗争的存在，而有权力斗争的地方又必定存在批判性。但是，建筑史上从来没有出现过一个像20世纪那样的时代，人们清楚地意识到批判性的概念，并把这一概念付诸于实践。这是因为20世纪出现了与以往完全不同的、硝烟弥漫的权力斗争，并引发了激烈的权力交替。

这种权力交替是由地位和工作原本受国家权力保障的传统建筑师向一群被称为现代主义的新兴建筑师转变的一种交替。这种权力交替发生在20世纪初，那个时候，被称为“现代主义”的建筑师几乎都处于已有的权威和保障之外。勒·柯布西耶也好、密斯·凡·德·罗也好，因为他们没有接受过当时正规的建筑教育机构——美术学院的学院派教育，所以他们与国家赋予的、作为这种教育结果的权威和保障无缘。但是不久之后，他们却掌握了20世纪建筑界的领导权。那么在这一权力交替的过程中，他们究竟使用了什么样的武器？说起来让人难以置信，他们使用的最强有力的武器竟然是很难称得上是武器的东西，因为它不仅外貌并不强大而且还很不可靠。这件武器就是住宅。他们把住宅，具体地说是为中产阶级建造的郊外独门独院的住宅作为武器，最终夺取了20世纪的领导权。同时，也正是由他们倡议并惯常使用的住宅形式限制了他们的发展，束缚了他们的建筑观念。住宅为什么会成为如此强有力的武器？住宅对现代建筑运动来说又意味着什么？

首先，我们来看一看他们是如何利用住宅的。在现代主义运动初期，郊外独立式的住宅并不是核心主题。否定当前制度下的建筑形式（通常称为纯学院派艺术建筑形式）才是最迫切的任务。那些由国立教育机构——美术学院——调教出来的设计师们所设计的纪念碑式的建筑物，通常是墙体厚重，封闭性强，且让人感觉凝重。那么，现代主义的建筑师又是如何对之加以否定的呢？批判传统的形式从一开始便成为他们的使命。现代主义的拥趸所关心的焦点问题包括：是否应该重视空间流动性问题、是否要摆脱组积造（组积造建筑是在用石头和砖头砌成的墙壁上施加各种各样装饰的一种建筑——译者注）结构形式束缚的问题、是否应该废除装饰的问题，等等。他们利用那些由白色的、没有任何装饰的墙壁和柱子来构建窗户宽敞、室内透亮的建筑物，并利用人们读得到和看得见的新建筑词汇作为武器，对纯学院派艺术展开了具体批判。

但是，这一情形到第一次世界大战爆发时发生了极其微妙的变化。现代主义开始把关心的焦点聚焦到了住宅问题上。在这一转变过程中起到先锋作用的竟是在第一次世界大战前几乎不为大众所知的两位年轻的新人——勒·柯布西耶和密斯。

我们应该注意到第一次世界大战在这一过程中起到的巨大影响。在第一次世界大战中，无数住宅毁于一旦，造成了各个国家、各个地区的住宅严重不足，因此，住宅问题成了战后最大的、最迫切需要解决的课题。那些在战场上幸存下来的人们回到了家乡，战后新出生的孩子也不断来到这个世界上。于是，各国为了自己的国民今后的生活，迫切地需要建造大量的住宅。应该说无论在哪个时代，只要有战争，就必然会给社会带来住宅不足的问题。规模空前的第一次世界大战更是导致了空前的住宅危机。另一方面，这次世界大战的发生又与中产阶级这一新兴阶级和新的社会大众消费品的出现在时间上令人难以置信地保持了一致。所以从另一个角度来看，正是中产阶级的出现打乱了社会力量的均衡，结果导致了第一次世界大战的爆发，第一次世界大战和住宅危机必然同时发生。由于中产阶级不只是追求大众消费品，他们更强烈地追求超过一定规模的、具有较强独立性的独立式住宅。也就是说，他们过分热衷于追求体积庞大的东西。因此，人们最后不得不采取过激的行为和严厉的措施来解决这一危机。

针对住宅危机，世界上出现了两种截然不同的应对方法。在欧洲，政府把解决这一危机的重点放在建设公共集体住宅上；美国则制定了住宅贷款制度，打开了中产阶级可以轻松获得郊外独立式住宅的通途。美国之所以采用

图9 （右）纽约现代美术馆的“现代建筑展”会场，柯布西耶设计的萨伏伊别墅模型。
图10 （左）被用作“现代建筑展”资料封面的由密斯设计的图根达别墅。

住房抵押贷款政策是为了防范共产主义，是有意识地彻底杜绝采用公共住宅的方法。就结果而言，美国的政策成效显著。郊外住宅不仅保证了个人的自由行为，而且其私密性也充分符合中产阶级对独立和自由的追求。人们开始热衷于住宅建设。而人们对住宅的狂热追求不仅成了20世纪美国经济发展的动力，也成了20世纪美国领先于欧洲的决定性因素。

事实上，在欧洲也有一群卓有远见的人，他们非常想引进美国的住房抵押贷款政策。其代表人物就是勒·柯布西耶和密斯。他们因为提出了对中产阶级来说极具吸引力的住宅观念而一跃成为现代主义的代言人，同时也引领了现代主义的方向。

在现代主义普及的过程中，勒·柯布西耶和密斯设计的住宅形式可谓功不可没，影响甚广。1932年，他们的设计在纽约现代美术馆举办的展览会——现代建筑展——上颇具人气，他们也因此成为这次展览会上最耀眼的明星。这绝非偶然。比亚特丽丝·格罗米纳（Beatriz Colomina）曾经指出，展览会的主办人菲利普·约翰逊等人从一开始就把这次展览会的销售对象定位成美国的中产阶级，为了赢得他们的好感，特意把展览内容的重点定在郊外住宅的形式上。[23] 这次展览会，继在纽约举办之后，还先后在各地进行巡回展出。应该说，对于这次展览会的宗旨，勒·柯布西耶和密斯是理解最透彻的

[23]《作为大众媒体的现代建筑》(*Privacy and Publicity: Modern Architecture as Mass Media*, 1994)，比亚特丽丝·格罗米纳著，松畑强译，鹿岛出版社1996年出版日文版。

图11 在"现代建筑展"中最受关注的萨伏伊别墅（设计：勒·柯布西耶 1931）

两个人。他们所发表的作品完全是针对该展览会所设定的销售对象——中产阶级的。而另一方面，有关人士也指出，当时名声远比勒·柯布西耶和密斯大很多的建筑师格罗皮乌斯[24]就没有能够很好地理解中产阶级的本质欲望，他是唯心的和社会主义的。

勒·柯布西耶和密斯在展览会上所发表的这些住宅式样个性鲜明。从外表上看，具有一种简约而强烈的视觉表现力（图9、10、11）。其明快的几何形状别具风格，在自然中展现出它们与众不同的性格。这一特征把他们与其他现代主义设计师严格地区分开来。表现主义的恣意性被彻底地摈弃，结构主义空间的无限流动性和扩张性也受到冷落，并遭到否定。

说得再清楚一点，他们放弃了早期现代主义的主题——空间——这一名称的模糊存在，而提出了客体的概念。他们设计的独立而明快的形状与当时美国郊外住宅的热销点——科洛尼亚住宅惊人地相似。这两者都是白色的，形状简单如箱子。而作为客体，这两者又是独立的。所以即使把它们放在百货店里和其他商品（客体）陈列在同一个货架上，它们看上去也绝不会比其他商品显得低劣。它们绝对是非同一般的、漂亮的商品。

但是有一点是我们不能忽视的，那就是他们在面对住宅这一商品的同时，并没有忽视在住宅中加入对建筑界现行风格的批判性。他们的住宅设计理念

---

[24] 沃尔特·格罗皮乌斯（Walter Adolf Gropius 1883—1969），德国现代主义的建筑师代表。1919年就任包豪斯学校的校长，1937年进入哈佛大学，成为美国建筑教育的领袖人物。

是客观（现实主义）的空间表现手法，是对学院派艺术风格所倡导的固定空间结构的批判，是对遮盖结构体的表面材料和装饰材料采取的批判姿态。对于在自身作品中加入批判元素的做法，勒·柯布西耶和密斯都很驾轻就熟，因此他们有时甚至会给旁人一种无情的印象。一方面，他们能够看准郊外住宅这一销售热点，并适时地把握住中产阶级的需求欲望；另一方面，他们对于现时流行的建筑式样及其美学基础不断地加以批判和抨击。通过这两方面的努力，他们很快地获取了建筑领域的领导权，同时也使得以格罗皮乌斯为代表的旧时代的现代主义者们销声匿迹。

这样的情形在20世纪不仅出现在建筑界，而且出现在表现艺术的各个领域之中。在这些领域中，所有的领导权都是通过上述两个方面的努力来获得的。从这个意义上讲，所谓“批判性”这一概念应该就是了解20世纪的核心概念。在丧失了贵族庇护的社会里，明智的艺术工作者就会不再徒劳地寻求贵族的庇护，而是选择去取悦中产阶级的所欲所求。他们并非仅仅停留在全身心地服务于中产阶级，而是通过上述两个方面的努力——这种努力可谓世故圆滑——而引领了这个时代的方向。

要批判、嘲讽一种建筑形式其实很容易。如果勒·柯布西耶和密斯最终也都住进美国式的郊外住宅，他们大概就不会对这一建筑形式提出任何否定意见了。事实上，对于郊外住宅的生活方式所固有的独立性、封闭性和私密性，他们并没有提出过任何批判意见。总之，提出批判很容易，但是本书的目的并不是要以这样的形式来批判20世纪建筑领域里的上述两个方面。

最应该引起我们警觉的不是这两个方面。所谓时代，往往是通过这两个方面的综合成熟表现来予以确定。最引人关注的情况应该是出现在一个时代被确定之后。当一个时代结束后，批判性的那个方面会被封存起来。但它在封存的状态下还会努力地施展其作用，并继续就批判的方向进行选择。批判性有其自我防御的特性，人们很难对它做出批判，这是批判性的长处，同时也是它致命的缺陷。正因为此，批判性必须在努力发挥作用的同时继续选择其批判的方向。

建筑师在选择了为时代的主流欲望服务的同时，还必须通过对这一现象的批判来改变这种主流欲望——即使改变是极其微妙的，也要让主流欲望逐步发生本质上的改变。所谓批判就是要这样不断发起，不断开展。但是批判性往往会过度地用来保护处于领导地位的阶层，例如，那些追随时代主流欲望（如中产阶级的欲望）的建筑师们，他们为了避免被扣上“异己者”的帽子，就会利用批判性这一工具。这样一来，批判性便堕落了，它丧失了其原有的理论性和攻击性。

这种情形并不罕见。日本传统的艺术、演艺就是在不断重复这一过程中延续下来的。茶道也好、能乐也好、歌舞伎也好，都是始于对已有艺术鲜活的批判。然而当批判性完成了它的使命，成为一种摆设形式后，批判性便失去了它原来的作用，一改成为保护已有权威的一种武器，至此一种家元制美学批判的循环体系确立起来。这种情形到了明治时代以后依然如故。进入20世纪，随着贵族庇护的丧失，这种情形甚至还得到进一步强化。现在，批判性成为形式摆设的周期大大缩短。例如，原本是为了批判已有的戏剧而推出的“新剧”，会在很短的时间里失去其批判功能而成为一种形式摆设，于是又

图12 瑞士学生会馆（设计：勒·柯布西耶 1932）

不得不接受被批判的命运。

同样，在20世纪所有涉及艺术的领域里，批判性都在转眼间失去其原有的作用，随之所出现的状况就是：有名无实的批判性保护着已建立起来的权威，并使之能够继续生存下去。从前，已有的权威也曾经借助自身的权力而使自己的存在受到保护。但那时这种状况尚未完全成形，且极不稳定，因此也显得非常简单和脆弱。然而，到了20世纪，权威受到名不副实的批判性保护的状况已经由来已久。此时，由于权威受批评性保护的状况已经变得相当错综复杂，我们很难清楚地识别出这一点。我们担心的、同时也应该批判的正是这种似是而非的状况。

最早注意到并试图规避这一危险的建筑师大概就是勒·柯布西耶。1930年前后，他经常受到非议，其设计风格被说成“转向”（图12）了。他舍弃简单而抽象的几何学——即白色的纯粹主义，转向“不纯”的世界。为此，他频频遭到批判。例如，他一改以往的风格，选用了天然石材、砖瓦等质感粗糙的材料，并用有机的、随意的形状来取代几何学的形状，等等。而最重要的改变则是他把兴趣的中心转向公共建筑的表现形式。对于某个公共建筑物，如何寻求一种符合该公共建筑物的公众性的、有张力又有特色的表现形式成了他的新课题。为了实现这种表现理念，他采用的是“不纯”的材料，推出的是“不纯”的形态。

在其前半生里，勒·柯布西耶以其设计风格的纯粹性将他所设计的住宅与其他郊外住宅区别开来。也就是说，他运用纯粹主义的手法把批判性元素加入到建筑设计中。然而，现在他却义无反顾地摈弃了这一方式，代之以表现出面向公众性的风格来拓宽自己的设计特色。

这一转向说到底也是为了迎合时代的主流欲望，所以我们对此展开批判并不是一件难事。但是，在1929年世界经济大萧条期间，曾经受个人的自由欲望和自由购买行为所驱动的社会结构轻而易举地遭到了破坏，郊外的居住形式也明显地暴露出其弱点所在。郊外住宅是自由行使个人欲望的象征。这时，以经济学家凯恩斯的思想为基础的公共投资政策成为20世纪的主驱动力，并以此取代了郊外住宅观。这一政策的设想是，利用公共投资来控制个人欲望这一不安定的因素，同时把社会引向稳定。公共投资的核心是建筑，是土木工程。所谓公共投资政策就是利用向个人及法人征收来的税金来建设公共建筑物或公共土木建筑物，并通过建筑行为来引导整个社会风向。这构成了经济大萧条后主宰了20世纪的社会体系。

我们可以认为，勒·柯布西耶通过观念的“转向”令其建筑风格完全适应了凯恩斯的体系。可见，他对时机的把握依然相当敏锐。建筑物作为公共投资对象，是需要得到公共这个主体——也就是与该公众建筑物相关的一个共同体认可的。为此，勒·柯布西耶认为，首先必须强烈地表现出该公众建筑物的公众性，同时在使用该建筑物的人群中确立一种同一性。为了达到这一目的，他的建筑设计发生了根本性的变化。

当然，即使在这样的情形下，在迎合时代的同时，勒·柯布西耶依然没有忘记把批判性融入其中。虽然因为选用石材而远离了“纯粹”，但是对于古典主义的向心空间结构，他还是持排斥的态度，并一直坚持进行彻底的批判。在这一点上，他一生贯穿始终。另一方面，他又不断地探索20世纪里的所有纪念碑式建筑物是否都有可能成为现实，即所有公众建筑物是否都有可能成为现实。这样一来，他就好像杂技演员在钢丝上做造型一样，又好像在两个似乎要把人撕裂的向量的相互作用下挣扎着。直到突然死亡的那一天，他从来没有过片刻的停息，也从来没有想过停息。

然而他的种种努力并没有取得预期的成功。他最终获得人们认可的实际上只有两个共同体：一个是在20世纪里，称得上是唯一共同体的宗教建筑物（拉·土雷特修道院、朗香教堂）；另一个是为了摆脱殖民统治，在独立过程中迫于需要而虚构同一性的新兴独立国（印度）。除此之外，他还曾经认真地向众多行政机构、集团提出过无数建议，但几乎都遭到了否定。对于他夸张的建筑表现风格和所提议的新的公众建筑理念，人们并不愿意接受。究其原因是因为他的建筑设计过于强调纪念碑式的表现风格，让人感觉带有太多的强制性，甚至有强加于人的感觉。

在20世纪里，人们并不需要公众建筑，不需要公众建筑的表现形式。然而，勒·柯布西耶在他的后半生所做的一切，都是为了证实这一事实。这样的说法并非言过其实。在20世纪里，公共建筑无疑是必需的，不仅经济发展需要它，而且国家和社会的稳定同样也需要它。但是公众建筑却并不受欢迎。应该说在这个时代里，除了凯恩斯政策所提出的预防性政策之外，整个社会没有一个正确、积极的社会观念。正是在这一社会背景下，勒·柯布西耶被世人拒于千里之外。

在这个意义上，20世纪可以说是一个建筑的世纪，也可以说是一个在建筑领域没有建树的世纪，因为没有一项建筑值得我们欣赏。在这个世纪里，真正引起人们关心的只有建筑工程的规模。在这个荒诞的时代里，20世纪的建筑师们原本希望大显身手，却又因为生不逢时最终都成了时代的牺牲品。他们曾经获得许多建筑设计的机会，然而他们提出的积极的建筑方案却无一幸免遭到了拒绝。

事实上，这种情形还不是最悲惨的。更不幸的是他们提出的方案被接纳之后的情形。正如上文所述，人们并不期盼建筑师们想要努力付诸实现的（纪念性的）公众建筑，当然也没有人希望出现这样的公众建筑。业已建成的公众建筑，其命运只能是遭受人们的批判，无奈接受世人的嫌恶情绪。相反，假如建筑师主动放弃公众建筑，在他们的设计中体现出妥协时，却又因为在设计上依然体现了过大的体积，依然得不到人们的认可，依然遭到人们的嫌弃。一个建筑师在设计公共建筑的过程中，必然会面对这样的矛盾。这种矛盾延续至今。可见无论是哪种情形，建筑师都不可能得到人们的承认，建筑师和世人之间的矛盾似乎永远无法调和，永远无法和平共处。

在20世纪里，建筑师与（行政）委托人之间的对立同样无法避免。不过，这种对立与19世纪出现的对立情形截然不同。19世纪出现的对立是主张个人自由表现的艺术家与保守的社会之间的对立，而20世纪的建筑师则从来没有考虑过个人的表现，他们思考的是整个社会，他们总是站在建筑物主体的立场上，即使用者的立场上，来考察公共建筑，并真诚地提出自己的意见。但是对于（行政）委托人来说，恰恰就是因为建筑师提出的方案关乎的是这个社会，是公共建筑，所以他们才讨厌建筑师的提案，他们必须拒绝建筑师的提案。只是在公众性及碑铭主义是复制已有事物的情况下，他们才会勉强接受。对于他们来说，建筑师提出的带有批判性的方案总是荒谬的，最重要的是建筑工程能否确定下来，并保证已建成的建筑物不会出现索赔问题。在这样的一个大环境里，建筑师们遭受了多方面的挫折，于是，他们只好把自己藏身于风格化的批判性中，就算失败也要留下追求完美的名声。他们把自己封闭在一个小小的领域中和小小的建筑物中，试图明哲保身。

这是一个没有任何收获的时代，甚至连无收获的情形也早已不存在。在这个时代里，凯恩斯政策没有起到任何作用，这一事实也能够证明这个时代的状况。规模庞大的建筑及土木工程业曾经对社会、对经济产生过深远的意义，并有效地发挥过作用，然而此时，公共事业工程已经完全丧失了其控制并主导社会发展的能力。所谓凯恩斯政策只是那个时代的一种理想。当整个经济规模扩大到一定水平，网络化发展达到相当高度，公共事业工程几乎已经没有足够的力量来冲击规模宏大、错综复杂的整体经济了。当一项公共事业工程确定下来，曾经吸引过无数人关注的影响力很快就被网络的海洋所吞噬，并在瞬间分解开来，消失得无影无踪。

应该说凯恩斯政策只有在封闭社会和开放社会并存的情况下才是有效的。简单地说，封闭的社会就好像是旧政治体制下的农村，而开放的社会则像是旧政治体制已经不再适用的城市。在封闭社会里，公共事业工程可以产生有效的影响，但是却不能提供充裕的公共事业工程经费。这就意味着凯恩斯体系在完全封闭的社会里是没有任何效力的。也就是说只有在封闭社会利用开放社会筹集的资金来开展公共事业时，凯恩斯政策才能最有效地发挥出它的作用。第二次世界大战后的日本正是这样，把开放社会里筹集到的资金投入到封闭社会里，从而发展了社会，也因此成了凯恩斯政策成功的典范。

在这种情形下，需要解决的问题并非只是如何对经济涨落这种时间上的不均衡进行调整，实际上，20世纪的社会得以运转的动力来源于城市与乡村的空间差别。当时的社会经济体系，其形式与19世纪的殖民地时代如出一辙。就像19世纪经济和社会的发展动力来自殖民地与宗主国的空间差异一样，20世纪的世界得以运转的动力则是利用了封闭社会和开放社会的空间差异。

在世界从封闭社会向开放社会转型的过程中，当时的社会经济体系的确发挥了其应有的效力。在这一过程中，一方面对建筑物有着强烈欲望的封闭且向心的社会依然存在，另一方面已不再追求建筑物的、开放且离心的一体化社会已经出现。在这样两种社会并存的时候，这个体系有它的用武之地，最有效地发挥了它的作用。同时在这样两种社会并存的前提下，建筑物也最大限度地被建造起来。无论是公共建筑，还是中产阶级的住宅，可以说它们都是在这两种社会并存时期的产物。不管怎样，建筑物始终是封闭社会所追求的事物，它是时代的一个错误，也是时代的一支后卫部队。这是两种社会并存时期建造起来的建筑物的共同命运。那么，此时建筑师的处境又怎样呢？在这样的时代里，建筑师必然会对该时代错误的建筑持批判的态度。具体来说，他们对于下订单的委托人是一定要持批判态度的。结果批判性就成了20世纪建筑界最大的一个课题，而这种批判性又必须具备两面性：一是要求建筑师们有改革时代向前看的观点，二是建筑师们还有向后看的保身之术。

现在我们终于一步一步地从批判性中解放出来了。那些身不由已地向着“建筑时代”行进的建筑师们，他们内心的矛盾注定是批判性的和消极的。封闭社会曾经对建筑需求旺盛，也对建筑师的存在给予充分的支持，但是，建筑师们对封闭社会充满了戒备，他们通过建筑设计，以批判的形式诠释了这一现象。现在，一个新的时代开始了，在这个时代里，人们不再需要建筑物。随着一个封闭社会、没落社会的消亡，建筑师们失去了他们积极的支持者。这时，他们即使努力想要唤醒人们对建筑的欲望也已经是徒劳无益，毕竟人们的欲望已经消失了。

对于这种情形，我们无需感到遗憾。毕竟建筑师们又可以找回他们的建筑了。试想，还有比这更令人高兴的事情吗？在专门领域和领域一体化之间，他们已经不再需要像走钢丝时用来保持平衡的横杆那样的工具，即批判性，来勉强支撑自己了。那么在开放的社会里，人们需要的建筑究竟是什么样的呢？其实这个问题并不难，你要做的只是认真思考这个问题，并向人们解释建造某建筑物有何必要就足够了。作为一名建筑师，你想要留住自己的一份工作，就只有设法说服人们，让人们彻底地信服你，这样的话工作自然会找到你。人们在困境中不断追求明快，以期取代对虚无主义的满足。

不知不觉间，建筑师成了绝对的少数派，成了反体制的人。所以为了改变自己的这种处境，摆脱这种不利的地位，他们必须积极主动地向人们介绍建筑，解释建筑的必要性，除此之外别无他法。所谓批判性，不过是一个幌子，是侧转身子保护自己的一种姿态。然而，现实社会也好，建筑领域也好，都已经没有足够的空间供他们侧身而过了。他们必须坦然面对，必须彻底转变成积极和务实的姿态。

4. 形式与自由

形式与自由。这两种东西互为矛盾，这对矛盾曾经支配了20世纪后期的建筑业。即使到了现在，刊登在建筑杂志上的文章仍然热衷于讨论这一矛盾，并试图通过各式各样的论证对其进行超越。事实上，在建筑领域之外的其他领域，如政治、经济等领域，这一矛盾同样也是20世纪后期人们议论的焦点，例如，经济领域中政治介入和自由放任的矛盾；科学领域里线性和非线性之间的矛盾，等等。其实，形式与自由的矛盾本身并不新奇，那么，为什么这样一对并不新奇的矛盾会在20世纪后期吸引人们的关注，并成为人们议论的焦点呢？

形式与自由的对立由来已久。人们对形式与自由矛盾关系的思考历史悠长。在这一互为对立的矛盾中，我们理所当然首先要找出形式，但是形式的发现并不需要高度的智慧。因为当我们开始接触建筑的时候，相信所有人都会自觉不自觉地首先思考它的形式。例如，当一个人开始在方格纸上绘制自家的结构布局时，他其实已经开始了对形式的思考；当他看结构布局图时，发现起居室右侧墙壁的线条和厨房右侧墙壁的线条没有对齐，他会感觉不舒服，于是，他会尝试着把这两条线对齐，进行统一的布局——我们称之为统筹协调。在这种情况下，他实际上已经陷入到形式化的圈套中了。

我们还可以把形式化叫做抽象化。因为抽象化之后一定会产生形式化的欲望，抽象化和形式化是密不可分的、紧紧联系在一起的两个方面，我们很难把它们分割开来。如上例所说的在方格纸上绘制结构布局图，是通过平面来表现建筑的一个行为，而这个行为实际上就是一种抽象化。在这种情形下，构成建筑物的各种要素——如材料、颜色、触觉、气味等等如此丰富多样的信息全部被割裂开来，留在纸上的就剩下那些表示墙壁位置的线段。应该说，这就是一种完全的抽象化行为。在这种抽象化之后，一定会有形式化的工作等待进一步完成，因为方格纸上一旦只剩下线段后，那么下一步要实施的就是如何对线段进行处理，例如分别把它们一一对齐。

只要抽象化成功完成了，那么在抽象化的产物中要找出形式就易如反掌。或者说，在抽象化的过程中，就已经包含了形式化。纵观历史，建筑的时代，即大规模投资建筑物的时代，往往同时又是建筑形式化的时代。说得更确切一些，就是在建筑的时代里，已经出现了一种向形式化发展的趋势。

也许会有人提出质疑，说：按常理来看，建筑物被大量建造的时代不就是一个表面化的时代吗？因为当我们需要大量建造建筑物的时候，似乎就要对外观进行必要的处理，也就很有必要对建筑物的表面进行处理。然而事实上，当一个新时代开始，一个全新计划中的崭新且庞大的建筑就要矗立起来的时候，我们首先要做的就是利用抽象化对这个建筑进行梳理。如果没有进行抽象化的梳理工作，那么崭新且庞大只能意味着不可理喻的混乱和难以通行的迷宫。那么，我们是否真的可以用抽象化的方法来走出新情况层出不穷的迷宫呢？为了完成这一重大任务，形式化应运而生。而表面化则是在此之后过了相当长的一段时间才出现的。一旦某种形式确立下来，那么该形式会很容易被模仿，这时，形式也就表面化了。例如，文艺复兴时期之后的阿尔伯蒂[25]就是一个很好的例子。他在广场的正面通过铺设扁而薄的大理石——也就是以大理石作为介质——再现了文艺复兴时期的巨匠们所确立的形式特征。又如，

---

[25] 雷欧·巴蒂斯特·阿尔伯蒂（Leon Battista Alberti 1404—1472），意大利文艺复兴中期的建筑师。以厚实的墙面表现而闻名，同时也是一位著名的理论家。

在现代主义提出新的形式之后，罗伯特· 文丘里也做了同样的事情，作为人们视野中的建筑物，我们看到的是它那薄薄的外贴面。

让我们来回顾一下文艺复兴时期吧。中世纪是一个受形式化支配的世界。这种形式化以神为核心，具有严格而向心的特征。之后，取而代之的是新的、庞大的世俗建筑。这只不过是崭新的大规模的迷宫一般的东西。对于这类建筑，我们应该如何看待？于是，作为相应的对策，形式化的概念出现了。作为形式化的先例，希腊、罗马的古典主义建筑——真正意义上的形式化的经典佳作——频繁地被用来作为参照，因为当时的建筑师们凭直觉感到，如果不借助形式化的手段，那么新型建筑物只能成为难以探究的迷宫。应该说，他们参照希腊、罗马的古典主义建筑并不是为了纯粹的怀旧，而是为了快速应对眼前出现的新现实、新经济，他们只是现实地利用了“形式化”这一古典的智慧财富。

在形式化之后出现的是现象学，人们于是开始了现象学的研究。如上所述，建筑物一旦与人类分割开来，那么建筑物就只能是一个抽象的结构体，所谓的形式化也只是人们从上而下俯视建筑物的方式而已。而我们为了对“形式化”这个名称进行整理就不得不把建筑物与人分割开来。但是，话虽如此，建筑物毕竟不是永久地停留在图纸上或人类的大脑里的，它终究会被建造在土地之上，人类将会进驻其中，它会成为一个实实在在的物体，成为与我们日常生活中息息相关的一种东西，人们将不再俯视它，而是放低视角来亲自体验它，这正是建筑物的归宿。

这就是说，建筑物最终的归宿必定是大地。就算在某个特定时期里，它只是作为一种形式存在于我们的大脑之中，但是终究有一天它是要立于土地

图13 圣罗伦佐教堂美第奇礼拜堂断面图（设计：米开朗基罗 1521—33）

上的。当人们清醒地认识到建筑物这种无法逃避的命运时，对现象学的研究也就开始了。

对文艺复兴时期的形式主义研究高潮过去以后，各式各样的现象学研究纷至沓来。米开朗基罗（Miche Langlo Bounaroti）通过对人类感知能力进行充分的研究，设计出了一种广为接受的、“可存续的”纪念碑式建筑物，这种建筑物的式样超越了图式及几何学。他设计的台形窗户（图13）上部狭窄，是现象学研究的典范。当人们抬头从下往上看这种台形窗户时，感觉窗户是稳固的、坚实的，同时还能感受到从窗外射入的光线也很温柔。在米开朗基罗之后，有巴洛克和阿尔伯蒂。其中巴洛克是利用现象学的方法论来自由改变形式，而阿尔伯蒂则更注重表面的现象，他是批判性地来更新形式主义，而表面也是现象学的产物。在现代建筑领域，处于核心地位的正是形式主义和现象学之间永恒的辩证关系。

其时，现象学作为对自由的追求得到了人们的理解。巴洛克的设计中运用了大量的曲线和曲面，它们充分体现出“自由”的表现，令人一目了然。“自由”这一概念就是在现象学这个词还没有出现之前所用的代名词。假设形式性是对主观性的排斥，那么把注重个人主观性的现象学研究看做是“自由”的方法，似乎并无不妥。

在建筑的设计向“自由”的方向发展的同时，形式主义也在试图延续自身的寿命。为适应新的现实，形式主义匆忙采取了应对措施。但遗憾的是，随着时间的推移，形式主义变得越来越故步自封，它把自己封闭在一个框架内，并在这一框架内对设计进行无止境的精细化、复杂化修改。这就是所有形式主义的最终宿命。所谓学院式实际上是衍生故步自封的形式主义的别名。在近代，培养建筑师的国立机构——通称学院派艺术学院——曾经作为基地为延续已经过时的旧式形式主义的寿命而发挥过它的作用，但面向“自由”的现象学研究则不可能拥有这样的一个基地。另一方面，形式主义的存在前提是与现实相割裂，唯有如此，它才可能在脱离了现实社会的框架中不断繁衍并得到扩展。也就是说，只要国家权力不断补给养分，那么尽管被隔绝于皮氏培养皿中，细菌依然有机会得到繁殖。

正因为如此，勒·柯布西耶和密斯等现代主义建筑师把追求至美的艺术学院——这一形式主义的基地——当成了最大的攻击靶子。事实上，在他们之前，已经有现代主义者不断涌现出来，这些人中的很多人曾经尝试设计新的建筑式样以适应产业革命后的新现实。他们是第一代现代主义者。遗憾的是，他们已经几乎全部从历史上销声匿迹，没有留下任何可查记录。究其原因可以归咎于他们自始至终缺少“形式”这一概念。

与此形成鲜明对比的是，柯布西耶和密斯对于形式化表现出了异常的敏锐，因为他们是受到孕育形式化的大本营——追求至美的艺术学院——所排挤的“非科班出身的”圈外人士。

柯布西耶和密斯成功的关键在于他们深刻地理解了形式化的价值及其社会效应。正因为他们自身受到形式化的排挤，所以他们对形式化价值的理解也是刻骨铭心的，同时他们在此基础上，还把形式化当作自己的武器，加以充分利用。与此相反，从来也没有尝到过排挤之苦的、“科班出身的”格罗皮乌斯始终也没有意识到“形式”这种东西的价值，当然也没有意识到它的危害性。柯布西耶和密斯在20世纪20年代所设计的作品，其形式化的程度甚至远远超越了古典主义建筑固守的形式化程度，尽管后者一直被认为是形式化表现的极致。但是当我们从另一个角度去审视他们两人的作品时，不难发现他们在追求形式化的过程中表现得有些急于求成，他们过于急切，也过于彻底地把尚未确定的、尚不明真相的新现实表现了出来。对于之后20世纪的建筑史，我们或许可以用"弥补损失"这样的说法来进行概括，进一步来说，是要弥补急于求成所造成的损失，也是要弥补由于采用了与文艺复兴时期的形式化相对立的巴洛克风格所造成的损失。

另一方面，形式主义也采取了措施来延长自身的寿命，即开始了学院派的现代主义。代表这一发展动向的主要人物是20世纪建筑历史学家、评论家，也是美国建筑学学院派的核心人物科林·罗[26]。这一学院派现代主义的根源可以追溯到他的代表作《理想别墅背后的数学》（1947年）[27]。在这部作品中，科林·罗运用形式主义的研究方法，把柯布西耶和安德烈亚·帕拉第奥[28]两人设计的住宅进行了细致的对比，后者是推崇矫饰主义的建筑师。科林·罗指出在以往一直被认为是截然不同的两种住宅风格中，它们之间其实具有深刻的相似性，即形式化。这两者的形式化都是通过小心翼翼的方式构建起来的。相对于那些只会自吹自擂的建筑师或自诩为伦理大师的评论家，科林·罗的客观且合乎逻辑的言论更能引起年轻人的关注。

---

[26] 科林·罗（Colin Rowe 1920—1999）。

[27]《理想别墅背后的数学》（*The Mathematics of the Ideal Villa*, 1947）。

[28] 安德烈亚·帕拉第奥（Andrea Palladio 1508—80），意大利文艺复兴后期的建筑师。对罗马遗迹很有研究，以端庄的古典风格而闻名，对后世影响巨大。

后来，众多研究者和建筑师也效仿科林·罗的研究方法。仅20世纪后期，就有许多重要的建筑师出自科林·罗的门下，如理查德·麦耶[29]、彼得·艾森曼[30]等都是他的门徒，仅此一点就足以让我们了解到他的方法所具有的影响力。如果建筑这一行业必须在大学这种制度化的教育机构中通过连续的、系统的教学活动来学习的话，那么我们不得不遗憾地承认形式主义的研究方法依然是唯一有效的教育手段。无论是以主观的方式去阐述美，还是以工匠传授技术的方法来进行教育，都不能像形式主义的建筑教育思想那样显得更加具有“科学性”。包豪斯曾经在教育机构中对工匠开展针对性教学，却以失败告终。这一失败不能够完全归咎于纳粹的压迫。在语言与教育的艺术领域，对于从克莱门特·格林伯格（Clemet Greenberg）到詹姆斯·弗雷泽（James George Frazer）的形式主义的研究主宰了整个20世纪。形式主义在此期间也占据了建筑艺术的核心。其中的缘由出乎意料地简单，那就是20世纪是一个只能依赖于制度化、大众化教育机构的时代，即由大学来规定建筑教育的思想，规范建筑存在的方式。文化的传承必须依赖于大学，决定了这个时代的文化不可避免地受到限制。

然而，更加应该引起我们警觉的是这种形式主义的研究与上文所述的对

[29] 理查德·麦耶（Richard Meier 1934—），20世纪后期美国建筑师中的代表人物。以白而漂亮的几何学形态闻名。

[30] 彼得·艾森曼（Peter Eisenman 1932—），20世纪后期美国建筑师中的代表人物。是著名的理论家，也是解构建筑的理论性支柱人物。

巴洛克风格损失的弥补竟然如此轻而易举地达成了调和。现象学的研究表面上与形式主义唱反调，让人误以为它是形式主义的对立面。然而，到了20世纪后期，现象学不断得到引用，被用来弥补形式主义的弱点。由于纯粹的形式主义只存在于抽象概念之中，所以形式主义的研究通过隐性现象学的方式，以延长自身的存续时间。

其典型代表是20世纪70年代以后在全球占据了学院派核心地位的后结构主义。在法国的哲学界，以个体文学作品的形式进入历史舞台的后结构主义传到美国，并迅速成为现代学院派的主要表现方式。说得再浅显些，后结构主义成了最易发表论文的热点论题。围绕这一论题所引发的是关于形式和自由之间的对立能否达成折中的各种讨论。

在文化活动的中心由大学向外部转移的过程中，后结构主义勉强支撑起了此时已尽显颓势，甚至可以说已濒临消亡的学院派现代主义。后结构主义设定了自己的目标，即克服形式与自由（或曰主观与现象）的对立。就研究方法而言，简单和静态的处理方法被首先否定，取而代之并得到提倡的是关注形式和自由之间动态变化的研究方法。到了后期，被认为是现象学创始者的梅洛－庞蒂（Maurice Merleau-Ponty），其态度也发生了极其微妙的变化——转向了一种折中思想。如果只依赖现象学的主观主义，主体将无法与世界接轨，这就是梅洛－庞蒂后期思想的核心。他说主体只有通过形式（从超高处俯视）和主观的结合，才能得以与世界接轨。形式必须不断地汲取自由变化的东西，这些东西单靠形式是永远也无法捕捉到的。通过汲取这些东西，形式才能成为动态之物，才能实现自身的不断更新，这就是贯穿整个后结构主义的理论依据。以这一理论为依据已经出版了不计其数的论著。

建筑领域成为后结构主义强有力的鼓噪者绝非偶然，因为后结构主义的评论家大都是建筑类媒体的座上客。另一方面，哲学领域中大肆鼓吹后结构主义的媒体，其读者群也与建筑业关系密切。在日本，矶崎新对于沟通后结构主义和建筑领域的相互联系起到了重要作用。从此，这两个领域之间的交流越来越密切。雅克·德里达（Jacques Derrida）和彼得·艾森曼因伯纳德·屈米[31]的介绍，对后结构主义的推介也付出了自己的努力。他们两人还参与了在巴黎的拉维莱特公园一角做地基的具体计划。[32]

这一情形的背后是对形式化的反思。无论是建筑还是哲学，它们都曾经是形式化的坚定支持者。但是到了20世纪后期，在新的现实面前，这两者都背弃了形式化，它们对形式化都产生了很深的隔膜，甚至于可以说是一种抵触感。曾经把形式化作为招牌的建筑领域和哲学领域，此时因为对于形式化曾经做出的支持而倍感到羞愧。这种共同的强烈感受把这两个领域紧紧地联系在了一起。

到了20世纪后期，随着新技术的不断发展，使得建筑学与新技术的相互关系得到进一步加强。通过电脑制作来完成建筑物的三维成像，通常被称作电脑制图技术。这种新型制图技术体现出建筑学与新技术的完美结合。

---

[31] 伯纳德·屈米（Bernard Tschumi 1944–），出生于瑞士的建筑师，活跃于法国和美国，代表作有巴黎的拉维莱特公园，是一位理论家，长期担任哥伦比亚大学建筑学院院长，也是美国建筑教育界提出电脑应用的领袖人物。

[32] 被称作“珊瑚作品”，1985年至1990年期间，二者进行了若干次的磋商，但是最终决裂。

图 14 格雷戈·林恩（Grey Lynn）作品“H2 别墅”。斑点的形态错综复杂，很具有代表性，而且通过一系列富于变化的制图表现形式也还可以看出他并不想让形态模式化。

电脑制图技术为建筑制图业提供了前所未有的自由表现空间。能够任意调用的曲线和曲面构成不规则的形状和可透视的建筑形态，它们被称为斑点。在建筑专业的学生使用的个人电脑屏幕上，布满了无数个多姿多彩的斑点（图 14）。20 世纪 90 年代，曾经只能画在制图板上的、刻板的直线和平面彻底地旧貌换新颜——在屏幕上，无论是城市，还是建筑物，它们都变成了密密麻麻的斑点。

但是电脑制图技术真正的创新之处在于成功地把建筑物作为一个未完成的渐变体来加以表现。以往建筑物的展现方式是一成不变的，即是一种已完成的物体。然而，电脑制图技术则实现了建筑物的渐成过程，这正是其创新之所在。当一位设计者接到了一项设计工作，他首先要做的事情是设定好参数。当然，参数可以依照客户的要求来设定，也可以根据与建筑物所在区域的环境相关的固有参数，如温度、日照条件等等，来进行设定。设计者只需要以相关参数为依据在电脑上设计出建筑形态生成过程的程序，余下的工作则全部由电脑根据设定程序自动生成。当然，电脑上生成的曲面形态能够表现得非常地随心所欲。

电脑制图技术给建筑业带来了革命。不过，把建筑物的形态设计成曲面倒算不上是一件新生的事物。因为在巴洛克风格的建筑中我们便可以轻而易举地发现许多很难用结构图来表现的复杂曲面。此外，高迪教堂和其他一些新艺术风格的建筑，采用的曲面形态表现手法同样也是成功的范例。但是电脑制图技术表现出来的曲面设计尽管具有自由的形态，却始终无法避免一个结局——当一个形态被最终决定采纳后，就必须不折不扣地根据这一形态进行施工，建筑于是也随之失去了自由的个性。

另一方面，90年代的数字建筑（简称DA）也试图倡导自己的建筑设计理念。只要略微改变参数，数字建筑的形态便会发生很大的变化，就好像积雨云上下交汇，能够变化出各种形状一样。这正是数字建筑完全有别于现实建筑的最大特点和魅力之所在。为了更加凸现这一特点，数字建筑的设计通常是以动画的形式来表现建筑形态的变化。这样做的结果是，大学里的设计课堂如变脸般地像是专门介绍动画设计的场所了。

建筑设计终于发展成一种动态的、富有变化的行业，建筑也由此终于摆脱了固定化的宿命。或者我们错误地以为它终于摆脱了固定化的宿命。后结构主义和数字建筑在同一时期里都成了动态的、自由的专门领域。运用后结构主义的思想，哲学终于能够避开客观地、形式地认识世界的传统方法，并成为能够不断自我更新的动态主体。同样，应用数字建筑的思想，建筑业也躲开了形式化、模式化的限制，获得了无限的动感。

那么，建筑业是否真的获得了自由？的确，在制图方面已经能满足随时、随意的更改需求。但是在现实的世界中，这种所谓的自由建筑最终还是需要在某一特定的场所固定下来，用特定的材料构筑成一个不能随意活动的形状。事实上，世界各地已经出现了一些数字建筑。这些已建成的数字建筑完全失去了它们在设计阶段时跃然于屏幕上的动感和可变性，变成了被牢牢固定下来的、沉重而无趣的物体。此时，数字建筑彻底地背离了初衷，其形态无助地、不规则地展现在人们面前。然而，形态上的“自由”却更加明显地反衬出这类建筑物本质上的不自由。

不知道是不幸还是幸运，90年代美国的建筑业表现得非常低迷。我们知道，80年代，在美国矗立起众多后现代主义的摩天大楼，但是它们的利用率却根本达不到100%。由此导致的问题是，建筑业及房地产业不再是带动经济发展的支柱产业，取而代之的是与IT相关的各个产业。这时，就数字建筑而言，人们已经没有兴趣，也没有机会去了解原本在屏幕上能够任意变换的自由建筑形式究竟为什么最终还是难逃被固定下来的命运，为什么变得不再自由了。就这样，建筑业度过了其低迷的90年代。

就实际结果来而言，建筑领域中学院派所积极推崇的数字建筑，的确发挥了它的作用。90年代的学院派建筑学领域中，处于领导地位的是纽约的哥伦比亚大学。1986年，伯纳德·屈米在担任该校建筑学院院长伊始便提出要尽快将计算机技术引入建筑教学。计算机的应用使得制图板、描图纸等以往不可或缺的设计工具被束之高阁。屈米创建了完全依靠电脑的无纸工作室。为此，他专门招聘了一些年轻的数字建筑师们前来加盟执教，这些年轻人擅长使用硅谷图形公司生产的昂贵软件。此后，伯纳德·屈米旗下聚集了来自世界各地的、向往该校的众多优秀学生。哥伦比亚大学的无纸工作室成了90年代建筑教育新理念的发祥地。在人事问题敏感、权力更迭频繁的美国建筑教育界，屈米竟独掌权力长达18年之久，直至2003年。

无独有偶，自20世纪后期起，法国的后结构主义为学院派的继续存在和发展长时间地发挥了积极的作用。起源于法国的后结构主义哲学曾经在美国社会科学类院校中风靡一时，成为论文创作最时髦的论题，为推动这一类型的学院发展做出过巨大的贡献。屈米是法国裔瑞士人，作为建筑师，他最早的工作是改建图鲁兹的电影院。数字建筑技术是由法国的科技精英们研究出来的，出现之初广受争议。但在传入到美国后，经商业性大学的推广，受到大众的广泛欢迎。20世纪后期的文化经历了数字建筑技术和后结构主义思潮相互影响、相互推进的过程。

学院派采用的是一条辩证的研究思路。它首先设定形式与自由的对立关系，然后利用新的方法（数字建筑技术或后结构主义思想）巧妙地化解开这种对立关系。这种研究思路从实质上讲并无新意可言。但是批判这一研究思路不是本书的目的。更值得关注的是，这一研究思路在校园以外的领域，即在整个社会里，被广泛接受。虽然几乎所有领域都对这一研究思路进行了各自的修正，但是这一研究的基本思想依然对无数人产生了深远影响。举例来讲，形式与自由的关系在政治上体现为国家与民众之间的相互对立，在经济上则体现为供、需双方之间的对立关系。这两种对立的情形都属于形式与自由的关系在不同领域中的具体表现。它们的共同之处在于社会应该逐步从形式（国家、供方）为主的时代转向自由（国民、需方）为主的时代，并辩证地促进这种观念的转变。

使形式辩证地转变为自由，这一思想在建筑理论中也占据主导地位。建筑师试图用以几何学为主的各种方法来表现自己的设计作品（建筑物），并努力使它成为形式化的规范产品。但是，从用户方的角度来看，这样的形式化不过是供方的孤芳自赏罢了，用户并不需要形式化，他们想要的只是一个便于使用且感觉舒适的空间。与其说是数字建筑技术本身需要克服形式与自由的对立，倒不如说是形式的规范设计与自由的个体需求存在对立。建筑就其本质而言，始终是要面对这两种对立，当然，这两种对立现象并不仅仅局限于建筑这一商品之中。

所有的商品都无法摆脱需要承受供、需双方之间相斥作用的宿命。这种相斥作用会随着商品这一存在物的发展而愈发暴露无遗，并且越来越表象化。这是因为对于商品的供方来说，坚持形式化的传统和一贯思路是确保商品存在价值的基本要求；但对于商品的需方来说，供方的做法毫无意义，在需方看来，正是由于供方片面注重形式化致使人们对商品表现出愈来愈强烈的不满。

相比于建筑，这种矛盾在艺术品这一商品形式中出现的时间更早。20世纪前期，从克莱门特·格林伯格到詹姆斯·弗雷泽的形式主义，即以纯粹的形式来评价艺术品的尝试就形成了艺术界“商品危机”的根源。

另一方面，对于建筑持续旺盛的需求在一定程度上延缓了“商品危机”的到来。其中的主要原因是20世纪里所爆发的两次世界大战造成了住房的严重不足，在此之后的经济高速增长又加剧了人们对建筑的需求。然而，到了20世纪后期，由于社会对建筑这一商品需求的急剧下降，最终导致供、需矛盾突显出来。这时，作为供应方的建筑师希望通过形式化的设计来化解这种矛盾；可是需求方注意到的却是商品的形式化愈演愈烈，由此愈发增添了对建筑物的不信任感。

具体而言，科林·罗发起了重新认识柯布西耶的批判活动，其宗旨在于认为后者实际上是形式主义的代表之一。此外，形式主义的代表人物还包括纽约5位著名的建筑师[33]。科林·罗相信，是形式主义的思想主导了供方商品制造的过程。在日本，形式主义的倡导者是矶崎新。矶崎天资聪颖，他从未在大学里学习深造过，因此他对形式主义的研究与以往学院派的形式主义截然不同，两者之间可谓泾渭分明。他对先锋派的形象做了成功的诠释。战后的日本出现了以公共投资为主的建筑投资盛况，正是在这种情形之下，他把形式主义的思想巧妙地融入其中。在他的努力下，供方恰似奏响了《天鹅之歌》，这旋律虽流露出穷途之怨，却更洋溢着豪迈之情。

当供方在这场矛盾冲突中昂然向着形式主义方向渐行渐远之时，需方对于深受形式主义影响的建筑物的不满情绪也在不断地积蓄着。迪斯尼——作为已成现实的设计代表——成了他们发泄不满的对象。20世纪70年代以后，建筑领域供需双方的相互排斥状况依然如旧，并且被认为无法修复。

事实上，作为供方的建筑师对于这种分裂并非不理不睬，漠不关心。在他们看来，需方的诉求直接关系到他们的生存，所以他们无数次地试图用各种方法来弥补双方的裂痕，并试图在裂痕之间架起维系自身生存的桥梁。80年代出现的所谓后现代主义，正是通过引入迪斯尼的设计理念而尝试修复这种分裂关系。前面提到的90年代数字建筑的出现，其目标也是要试图摆脱供方僵化的形式主义。以伯纳德·屈米、雷姆·库哈斯[34]、矶崎新为代表的建筑师引进了后结构主义理论，这虽然与他们本人实际作品的精神

[33] 处于70年代美国建筑界核心的五位住宅建筑师分别是：P·艾森曼、M·格雷夫斯、C·格瓦斯密（Charles Gwathmey）、J·海杜克（John Hejduk）、R·麦耶。

[34] 雷姆·库哈斯（Rem Koolhaas 1944—），因其现代主义的、过激的表现而成为现在世界上最受关注的荷兰建筑师。

屡屡相悖，但他们希望达到的目标也是要挣脱形式主义的束缚。

70年代以后，引进了市民参与形式，其目的当然也是为了协调并缓和供、需双方之间的对立关系。由于市民能够直接参与到设计活动中，因此供、需双方之间的矛盾似乎得以化解。70年代的参与论发展到90年代转化成了通称为程序论的逻辑而得以继承下来。作为供方的建筑师以全新的空间形式（即程序的形式）把作为需方的顾客潜意识诉求固定下来，这就是程序论的基本思想。这一理论的新颖之处在于它不叫功能而叫程序。回顾一下，20世纪初期的现代主义者，他们曾经使用“功能”这个词来提倡功能主义。在注重需方要求的这一观点上，程序论和功能论表现出高度的一致性，但在形态方面，它们又各不相同。功能的表现是一种静态；与此相反，程序的表现则是动态，是不断变更的。所谓的程序论实质上就是在形式中融入自由，是对动态的、不断变更的后结构主义所做的一种注解。人们把“开放的学校”、“开放的美术馆”等新形式作为程序论的新鲜事物而加以提倡，并要求建筑师不断研发出诸如此类的新程序来。

这的确反映出后结构主义时代的精英们的研究特点。然而问题是，无限地更新形式是否真的有可能实现？或者说是否真的有这个必要？建筑师们在其日常实践中都必须面对此类问题。如果供方与需方（客户）坐下来，平心静气地进行交谈，其实我们可以了解到需方所追求的东西既不是“新形式”，也不是“不断变更的形式”。

事实上，对于建筑师来说，情况如果是一方面需方追求“新形式”，但另一方面却有某种权力或制度等在妨碍这种追求成为现实的话，那么事情还算是乐观的。因为在这种情况下，建筑师只要对阻碍革新的反动势力（邪恶势力）摆出一副斗争的姿态就可以得到人们的认可，同时建筑师的这种姿态也自然而然地使他的立场充满了正义感。即使需方仍然要求不断地更新，要求进一步的自由，只要你不停地解释说有巨恶在妨碍实现更新或实现自由就可以得到人们的谅解。只要你摆出这种姿态，你现有的地位就可以得到保障，在幻想自由和憎恨邪恶的这样一种稳定的状态里切切实实地得到保障。

只有当妨碍革新的邪恶势力被消灭之后，人们才会真正意识到追求革新的必要性和追求自由的意义。在1990年之前的冷战时期里，由于世界上存在着各种各样的邪恶势力（不同的阵营分别把对手称作邪恶势力），所以人们相信了这样的说法。后结构主义正是冷战思维的产物。

后结构主义存在的前提是供、需双方（形式与自由）之间永恒的割裂。供方相对于需方必须占据绝对的优势，因为当供方为适合需方的要求而准备变革时会遇到巨大的阻力。在这个大前提之下，建筑师被认为理所应当要摆出一副时刻准备更新已有形式的辨证姿态。正是由于形式和自由的永久分割，人们不仅接受了批评家的存在，而且也接受了那些鼓吹辩证更新的知识分子和文化人士的存在，尽管后者并没有能力实现更新，也不对结果负责。正因为如此，那些知识分子和文化人士需要阻碍形式更新的巨大阻力，需要形式与自由之间的分裂，总之，他们需要不断地捏造这样的情形。他们需要邪恶势力，需要冷战，正是这种似非而是的状况造就了冷战这样一个时代，也造就了现代的时代特征。

最滑稽的情况莫过于这样的事实：建筑师的最大优势本应该体现在能够

直接接触活生生的现实，可他们却充当起了批评家，以回避自身的革新职责。他们甚至利用后结构主义和冷战的言论，一心想把自己的这种意图正当化，以期望一如既往地回避对结果负责，回避建筑本身的责任。实际上，冷战已经成为遥远的过去，由于市民参与的普及，当自由（需方）与形式（供方）产生碰撞的时候，后者所受到的阻力已经大不如前，甚至可以说减小到了几乎可以忽略不计的程度。我们已掌握了许多有效的方法来促进世界顺利发展。然而，遗憾的是尽管现实在发生变化，可人们的思想却依旧保守和落后。

人们无论如何也无法从形式与自由对立关系的思维定式中解脱出来。如果说有一点点的变化，大概也就是运用辩证法改变某些原有的信念。在冷战时期，“赢”的信念是占主导地位的，它试图利用自由的思想战胜已有的形式，并对其进行变革。在存在邪恶势力的时代里，战胜邪恶势力的信念必须占主导地位。

但是，在邪恶势力已经消灭的时代里，“赢”的信念失去了其存在的理由，就好像有人想把斧子砍下去，却找不到砍的对象一样。取而代之的是“输”的信念开始用来解释所有的一切。这种信念主张形式必须输给自由，供方必须输给需方。在这样的情形下，输的结局倒是显得很酷，“输”的信念开始主宰了整个文化。“输”受到了尊重。通过演绎“输”的过程使得改变以前众多批判的结论成为可能。于是，人们把注意力转移到了用“输”来改变批判的方式，而不再为了争强好胜而提倡英雄主义，人们还把关注点从主动性（“赢”）转移到被动性（“输”）之上。即使在科学领域，对被动性功能的研究也开始引起学者们的兴趣。

“输”的信念得到提倡就意味着公共集体的瓦解。当公共集体作为一个具有一致利益的集团与外部接触时，这个公共集体中的成员面对与外部的纷争会表现出“赢”的信念；而当一个公共集体封闭起来，不与外部接触时，其成员又会伪装出输的样子，以确保自己在内部的人际关系。这是自我保护的做法，此时“输”就是“赢”。“输”的信念所遵循的是典型的公共集体所习惯的思维方式。

同样，建筑界也开始依靠用“输”的信念来解释所有的情形，如建筑师们会强调说自己输给了个性强、自我意识重的委托人，输给了奇形怪状的地皮，输给了不合理的建筑法规，输给了工程预算，等等。他们在建筑杂志上撰文罗列一大堆事例来解释自己的失败，看上去他们好像输得很得意，呈现在读者眼前的好像是一次又一次的哭诉大检阅。相反，如果有人在文章中真实地阐述自己的观点，并试图说服大众来实现自己想法的话，这样的人反而会被认为是不可理喻的存在。

“输”是一种策略，但是批判这一策略也不是本书的目的所在。令人担心的是，在“输”的信念背后隐藏着建筑物这一巨大的“结果”。重要的不是比谁“输”的信念更加坚定，而是我们必须意识到建筑物无论怎么“输”，或者装出何种“输”的姿态，事实却是它依旧是一种强大的存在。实际的情形是，不管在什么情况下，建筑物依然需要耗费资源、能源，依然会给周围的景观造成影响；依然会对使用者的行动和心理产生影响。总之，建筑物依然会以各种各样的形式赢得最终的结果。无论是引入市民参与的过程，还是像数字建筑那样通过一些参数的调整来改变其外部的形态，或者利用迪斯尼乐园式的设计来取悦人们，总之，不管什么情形，建筑物本身就是强势的化身，它无论如何也躲避不了“赢”的结局。

所有的一切都必须从认清上述的实际状况出发。在此基础上，我们才能够分辨出广阔无边、去伪存真后的现实，才能平心静气地对待建筑——这个危险的现实存在之物。

II 透明、民主与唯物论

1.透明得让人倍感凄凉的风格派

透明为什么充满魅力呢？我们真的能让世界变得透明吗？人们曾经无数次地尝试，却总是以失败而告终。风格派就是其中试图让世界变得透明的艺术思潮之一，但它同样也失败了。所以在其作品中的透明略显凄凉。

20世纪初期，现代主义运动在世界各地同时展开，当时的现代主义诸多实验的集大成是风格派。具体地说，代表20世纪初期现代主义的有两派，一是立体派（立体主义），二是未来派。立体派的表现主题是几何学，它是抽象化的；而未来派的表现主题是运动，它是物力论的。风格派则把这两派统一起来。

立体派和未来派曾经尝试过把几何学（抽象）和运动结合起来。他们对抽象的形态，通过排列和改变，试图使其形成一种动态。但是这个方法有一个矛盾，即随着运动的发生，形态会自动瓦解。于是，这就出现了一种似是而非的议论——说是要消灭形态的抽象性，结果却停留在试图把抽象和运动

图15 （右）柏林大剧院（设计：汉斯·珀尔齐格 1919）
图16 （左）爱因斯坦天文塔（设计：埃瑞卡·孟德尔颂 1921）

统一起来的表现主义上。在追求动态的过程中，本该处于表现主义对立面的立体派和未来派显然已经自觉不自觉地走向了表现主义。现代主义代表之一包毫斯受到表现主义强烈影响的主要原因也在于此。绘画和建筑共同直面了这一矛盾。只要我们回想一下汉斯·珀尔齐格（Hans Poelzig）的柏林大剧院（1919年）（图15）、埃瑞卡·孟德尔颂（Erich Mendelsohn）的爱因斯坦天文塔（1921年）（图16），也就清楚彻底追求动态的结果就是成就了表现主义。

然而令我们感到奇怪的是，风格派竟然巧妙地从现代主义的窘境中抽身而退。风格派喜爱制作出缝隙——在几何学的形态（要素）和形态之间有选择地制作出缝隙。于是在这个缝隙里，动态发生了。如果我们一定要用物体来表现动态，那么就必须控制物体，改变物体，这样一来，结果自然会跌入到表现主义的陷阱里。而风格派之所以能够避开这一结果正是因为它不是去接触客观，而是通过缝隙观察物体，这正是风格派的别出心裁之处。

只要采用了风格派的方法，建筑要素中的几何学也好，抽象性也好，一样都不会少，完全没必要向表现主义倾斜。利用这种方法，你只需要调整各个要素之间的排列配置，就有可能动态地形成各种形态。风格派就是通过这种方法，巧妙地把几何学和动态结合到一起。实际上，他们自己的词汇表里并没有几何学和动态的结合这样的表达，他们使用的是“空间和时间在绘画中的统一”这种表达方式。这里所说的空间指的是形态（要素），时间则是指动态。对于20世纪的现代主义者来说，处理空间和时间的统一是他们最大的课题之一。对于这个课题，风格派采用了缝隙这一表现手段，在绘画中找出了解决的方法。

那么，为什么空间和时间一定要统一？或者说几何学和动态为什么一定要统一起来？人们究竟为什么要追求它们的统一？这个问题背后所涉及的是从绝对空间向相对空间转换的样式转变。从19世纪到20世纪，包括建筑、绘画、科学、哲学在内的所有领域，都展开了这种转变。

从18世纪到19世纪，西欧出现了各种人、文化和空间观念的大融合。自希腊、罗马之后，西欧文化的大前提是认为世上存在一个单一的绝对的空间，而此时这一大前提却面临一个很大的转变。这是一个非常极端的例子，说的是有这样一个空间，在这个空间里，只有人的数量是不同的；而对于同一个人，不同的时间、空间都会以不同的形式出现。基于这种想法的空间相对主义开始威胁到认为世界是由单一空间构成的空间绝对主义。以哲学领域中的研究成果为例，提出了绝对空间论的笛卡儿（Rene Descartes）受到来自洛克（John Locke）、休谟（David Hume）等英国经验主义所提出的相对空间论的批判。理解并完成这种经验主义批判的则是以康德(Immanuel Kant)为代表的德国批判哲学。康德在肯定个人的感知、认识各不相同（相对性）的同时，试图认可空间相对论，并在此基础上，提出了隐藏在其背后的认知形式的普遍性和绝对性。从这个角度来看，康德正是以这样的形式支持了空间绝对性的说法，延长了空间绝对性的寿命。

建筑和绘画等领域里也出现了同样的向风格派转变的趋势。象征这一转变的是空间概念。令人意想不到的是这个时代（19世纪）的德国，空间概念第一次出现在建筑和绘画等领域中。而在这之前的西欧文化中，关于建筑展开争论的前提是认为它只是一种客观的物质（客体），与个人（主体）毫不相干。不仅如此，在19世纪之前的西欧甚至没有人提出过把主体与建筑结合起来的理论。为了把一个个不同的主体与建筑结合起来，德国在19世纪里才首次出现了空间这一概念，即建筑相对于各个不同的主体，分别要以不同的空间出现。相对主义创造了空间的概念。

据说空间论始于19世纪德国的建筑师高芙雷·森帕[35]，他是把空间作为一个活动身体的场所来理解的。对他来说，主体不过是能活动的身体而已，但是在他之后的新一代人则认为主体是一种有意识的存在。象征这一思想的是术语“感情投入”。最早使用这个术语的是德国美术史家罗伯特·菲舍尔（Robert Fisher）（1873年）。他定义所谓的空间是环境与灵魂之间的对话。他说：“如果在它们中间没有象征生命的红色血液流动的话，那么对我来说，‘空间’和‘时间’意味着什么呢？‘定型化’、‘维’、‘休息’、‘运动’是什么？所有的‘形态’又是什么呢？”在这里他把这种血液流动的过程称作感情投入。

从森帕向菲舍尔的转变有重大意义。对于森帕来说，空间不过是一个还没有被固体物质所占据的部分，也就是空白处。如果是这样的话，那么空间依然没有脱离物质的存在。但是，如果像菲舍尔那样把有意识的生成物定义为空间的话，那么空间立刻就脱离了物质的存在。这就是说，空间不再是墙壁、柱子或家具等所有有形物质之外的空闲部分，而是存在于这些物质要素

[35] 高芙雷·森帕（Gottfried Semper 1803—1879），19世纪德国古典主义建筑师。是著名的理论家，也被认为是现代主义的先驱之一。

之上的（元级要素），是假想（意识）中的空间。在这种超物质形式的空间里，所有的物质要素都成为可置换的要素，人们可以按照自己的意愿对它们进行排列。空间和要素构成了两个层面。

在这种转换的背后当然也出现过相对空间。而且，对当时的建筑技术革新也起到了很大作用。在西欧传统建筑手法的组积造建筑中，固体物质之外的空白处分别以房间的形式被隔离开来，空间与空间之间没有任何关联。作为森帕所主张的空闲部分，空间这一概念给我们的感觉似乎就是在组积造建筑中被厚重的墙壁间隔开来的房间，它等同于“raum”（德语中为“房间”的意思，同时意味着空间）。但是超越这种元级空间的空间概念却与当时日常生活中的空间感觉相去甚远。

到了19世纪后期，新的钢筋结构建筑出现了，在这种结构物中，物质与空余部分的关系发生逆转。即空余部分相互连接，构成了一个主导性的场所。在这里，墙壁、柱子等物质要素失去了其绝对的重量感，宛如可随意置换的要素那样呈现出很轻便的样子。这时所谓的通透性作为记录日常景观的一种概念开始登场，景观引导了概念。

像这样，建筑物的结构形式和空间概念之间的关系显得相当密切，但是更值得我们注意的是它们之间的关系具有相互性。结构形式是新的空间概念开始的前提，而新的空间概念（如通透的空间）反过来又进一步提升了结构形式，这就是它们之间的相互性。19世纪到20世纪，建筑领域中出现的各种形式、各种运动、各种技术都是以追求通透空间为目标的，可以说这是一个反复试验、不断摸索的历史。

图17 罗宾私人住宅（设计：弗兰克·劳埃德·赖特 1909）

在这个过程中，几何学和动态这两种概念开始了它们的使命。为了保证各种要素能够实现置换，这些要素首先必须抽象化、几何学化。同时在这个空间里，为了严格地、切实地包含各个主体，它们还必须是动态的。按照菲舍尔一派的说法，就是为了使生命的红色血液能在空间流动，空间内运动必不可少。而现代一切环境艺术（建筑、雕刻、艺术）的目标就是要把这两个特性统一起来。

风格派在立体派、未来派、表现主义等所有思潮之后作为统一上述两个特性的最后胜利者而粉墨登场。那么，风格派为什么能完成这种统一呢？

原因就在于它们是最后出现的。因为在各种现代的前卫派到达抽象和动态相统一这个终极目标之前，第一次世界大战（1914–1918年）爆发了。由于第一次世界大战的爆发，欧洲社会以及西欧文化发生了决定性的改变，这些前卫派没有能够独善其身，他们也不得不跟随潮流而改变自身。但是风格派的发祥地荷兰在这场风暴中始终处在一个极其特殊的位置上。众所周知，在当时欧洲的主要国家中，唯有荷兰保持了中立国的地位，躲过了这场劫难。1917年，世界大战最激烈的时候，风格派在荷兰出现了。这一时间差也使得风格派最终完成统一的目标有了保证。

当然，在这一过程中，并非只有物理意义上的时间帮了风格派的忙。在这几年里，还发生了一系列的事情：蒙德里安（Piet Mondrian）从立体派的根据地巴黎回到荷兰；弗兰克·劳埃德·赖特（Frank Lloyd Wright）设计的罗宾私人住宅（1909年）（图17）被介绍到了欧洲。它们对风格派实现统一同样也做出了很大的贡献。同样对风格派产生巨大影响的荷兰建筑大师贝尔拉格（Hendrik Pertus Berlage）在1912年的演讲会上曾经盛赞过赖特，但1917年之前，赖特的代表性作品却只有两个，即拉京管理大楼（1903

图18 （左）拉京管理大楼（设计：弗兰克·劳埃德·赖特 1903）
图19 （右）联合教堂（设计：弗兰克·劳埃德·赖特 1906）

年）（图18）和联合教堂（1906年）（图19）。其时赖特设计的建筑非常雄壮，但都没有后来设计的罗宾私人住宅那样大的影响力。对于欧洲前卫派来说，罗宾私人住宅是抽象和动态的统一，是一个具有冲击力的先例，尤其对风格派来说，它产生了决定性的影响。

尽管如此，我们还不能说所有的问题或疑问都已经得到了解决。风格派虽然实现了现代主义的目标，但是它并没有主宰20世纪，对后世的影响力也不是很大。这是风格派的一大缺憾。以里特维德[36]为例，从来就没有人认为他是现代主义的巨匠。一说到这一方面的巨匠，人们提到的总是勒·柯布西耶或密斯·凡·德·罗。主宰20世纪这一时代的好像就只有他们两人。

柯布西耶和密斯的作品不用仔细辨别，我们就可以知道它们其实相去甚远。不过，他们两人有一个共同点，那就是在第一次世界大战前，人们几乎没有看到过他们两人活跃的身影，但他们在大战结束后突然崭露头角。活跃于大战前的前卫人物与柯布西耶、密斯之间的不同之处是在对大众社会的理解上存在差异。大战前的前卫人物虽然在画布或制图板上曾经无数次地进行实验，但是在对艺术、建筑和社会的关系问题上，他们的理解始终没有能够超越贵族社会艺术的框架。而柯布西耶他们则正确地理解了大众社会里艺术与社会之间的关系，并在此基础上创作作品，把自己的作品巧妙地融入社会中。

大众社会里，建筑作为一种商品（客体）受到人们的接纳。对于这一具

[36] 吉瑞特·托马斯·里特维德（Gerrit Thomas Rietveld 1888—1964），荷兰风格派建筑师的代表，因设计红蓝相间的椅子等家具而闻名。

图20　巴塞罗那展览馆（设计：密斯·凡·德·罗 1929）。白色的底座把建筑物和大地分割开来了。

有决定意义的事实，柯布西耶他们有着自己正确的理解。他们了解大众关心的并不是存在于客体与客体之间的缝隙，并且利用缝隙把抽象和动态统一起来的这种高技术的操作手段也和商品世界没有关系。商品最重要的是必须具备一种强烈的、易懂的视觉表现力，必须有一种让人一看就为之心动的包装。也就是说，人们关心的不是包装背后的事件或实验，而是包装的视觉表现力。为此，他们考虑首先把建筑与外部世界分离开来。

人们对商品的理解，通常是那些可以移动的、独立的东西，所以他们认为建筑必须与环境分割开来。只有这样，人们才能把它当作一种商品来接受。为此，柯布西耶利用柱子（框架立柱）把建筑物从平地上托起来，从而实现了与环境的割裂。而密斯则像古典主义建筑那样在杂乱的土地上首先构筑地基，然后再恭恭敬敬地把自己的艺术作品安于其上。在用框架立柱或地基与环境分割开来的艺术作品中，他们赋予建筑一种简单易懂的形态。像萨伏伊别墅（1931年）（参照图11）、巴塞罗那展览馆（1929年）（图20）等等，都是通过这样的分割方式在20世纪的大众媒体上发布出来的。

另一方面，风格派对分割几乎没有表现出丝毫兴趣。他们没有考虑过用分割的方法来使自己的作品实现商品化。他们从不怀疑自己的作品是高于环境和社会之上的艺术，全然不需要分割。在这一点上，他们表现出了令人难以置信的幼稚。

对于分割的关心，也是危机感的一种表现。20世纪里，如果在艺术和社会之间只有通过商品化的行为才能建立起沟通的话，那么20世纪建筑的地位可以说已经岌岌可危了。远在20世纪之前，绘画及雕刻等艺术作品就已经用

图21 （左）巴塞罗那展览馆镀铬的柱子（设计：密斯·凡·德·罗 1929）
图22 （右）施罗德别墅（设计：G.T. 里特维德 1924）

画框或底座明确地与环境分割开来了，在文艺复兴之后的现代化过程中，这种分割已经早早完成。而且在这些领域里，贵族社会对它们的庇护到了20世纪依然没有改变，因此，这些领域里的商品意识相当淡漠。与此相反，建筑领域却危机四伏。毕竟画框对建筑物毫无用处，而贵族社会对它的庇护也已是时日有限。但是，这种危机感却成就了柯布西耶和密斯。在他们的作品中我们可以感受到非常时期的危机感和强大的力量，这种力量很快葬送了风格派建筑师脆弱的通透感。

柯布西耶和密斯等现代主义“赢家”所使用的另一种武器是新技术。第一次世界大战后，他们议论的中心话题是技术，在他们的议论中，有关形态的构成、空间的性质状态等话题出奇的少，这与第一次世界大战前把结构和空间作为中心话题的立体派、未来派以及始于战时的风格派形成了鲜明对比。这些“赢家”在讨论的同时，还积极地把新技术应用于他们的作品中。确切地说，他们不仅自己使用新技术，还积极地宣传新技术，提倡新技术。新技术彻底摈弃了组积造结构，柯布西耶为了介绍建筑构造技术的革新，其表现形式彻底地向横向双联窗式倾斜。密斯为了强调钢筋结构的长度，把镀铬的十字形断面柱子放到了作品的核心位置上（图21）。无论是柯布西耶还是密斯，他们最先考虑的就是如何表现先进技术，与空间的流动性和要素的抽象性相比，他们最先做的事情也是介绍新技术。

他们的这一态度与风格派的代表作品——里特维德设计的施罗德别墅（1924年）（图22）形成了鲜明对照。与柯布西耶和密斯的作品相比，施罗德别墅中要素的构成表现得更为动态，更为现代。尽管如此，支撑这些要素群

图23 （左）红蓝相间的椅子（设计：G.T. 里特维德 1918）
图24 （右）MR20（设计：密斯·凡·德·罗 1927）。

的结构体系实际上还是过去的组积造结构。在这个别墅中，里特维德完全没有考虑过要使用新技术。他所做的只是通过涂抹基色对墙壁和柱子上进行分段而已。这一手法在他设计的家具（图23）中也有所体现。他设计的家具在形态结构方面体现了崭新的一面，但是所使用的材料却总是木材，而且制造家具过程中所采用的技术也是传统的木制家具技术（他本人出身为家具工匠）。其时，作为“赢家”的建筑师们已经在采用钢管弯曲加工的新技术，并利用这一技术创造了家具的新形象，而里特维德依然固守旧的传统技术，对这种新技术没有表现出丝毫兴趣。两相对比，最后还是钢管家具（图24）表现出来的新颖外观赢得了大众的普遍欢迎。钢管家具很快得到普及，成了20世纪的流行商品。

话虽如此，当我们用今天的眼光去看待20世纪的时候，绝不敢说风格派已经过时，而柯布西耶及密斯等“赢家　”的设计则是新颖的。为了制造与环境相分割的商品，柯布西耶和密斯在他们的作品中借用了传统手法，加上画框或底座，所以从空间的通透性及动感的角度来看，他们的作品事实上远比风格派要陈旧得多。时至今日，钢管技术已经不再是新技术，相反，与马塞尔·布罗伊尔（Marcel Breuer）、马尔特·斯塔姆（Malter stam）等人设计的钢管家具相比，里特维德的家具看上去似乎更加新颖，更加时尚。

尽管如此，风格派最终还是没有成为“赢家”。而决定这一输赢的不是别的正是战争。“赢家”是战后出现的一群人，他们把战争的理论应用到建筑上，而风格派则是那些与战争毫无瓜葛的和平时代的人们。

所谓战争实际上是把不同性质的两个空间强行结合到一起的结果。当不同性质的两个空间开始接触后，人们明白了要在这样两个空间之上构筑包括它们两者在内的元级空间是不可能的，这时人们便采用了战争手段。在这里输赢是由极其简单而无聊的逻辑来决定的。新技术取代旧技术，简单而敏锐的东西战胜复杂而脆弱的东西，这就是战争理论。

支配20世纪的是战争逻辑。根据这个逻辑，不同性质的空间、不同性质的文化被弱肉强食的自然规则强行结合到了一起。这时，不同的性质被遗忘，继而出现了大众这样一个整体存在。大众喜欢简单易懂的商品，对那些复杂的、有内涵的商品往往敬而远之。所以柯布西耶和密斯设计的商品最终取得了胜利，原因就在于他们的设计与环境相分割，是用新技术武装起来的，其中最重要的一点正是简单且易懂。

风格派这个名称恰如其分地界定了他们的表现特点，因为他们相信艺术的进化要依靠风格的转换。100年之后，从遥远的高空往下看时，终究是发生了风格的转换吧。所以从这个意义上来说，他们没有错。但是在那个动荡的时代，也就是在战时，人们不可能清楚地认识到风格派的客观存在，也没有空闲去细细分析风格派的转变，他们要做的只是在以技术和商品形象为武器的血腥战争中求得生存而已。然而，姗姗来迟的、活跃于和平世界中的柯布西耶他们并没有意识到这一决定性的事实。

现代不过是把不同性质的空间统一起来的过程。把不同性质的空间统一成一个整体，并实现通透空间的元级空间是作为“输方”的风格派的目标。但是，这个目标在战争逻辑面前却全身而退。战争逻辑是把不同性质的空间强行结合在一起，它不允许慢悠悠地去统一不同性质的空间，像构思元级空间那样，而最后取得胜利的正是这种粗暴的战争逻辑。

那么，今天我们生活在一个什么样的时代里呢？以往那种形式的战争已经不复存在，大众这种庞大的群体正在逐渐消失，无数的信息以惊人的速度穿梭于网络之中，我们已经没有必要强行使建筑商品化，也不需要依赖包装来决定一切。我们是否像风格派所梦寐以求的那样，终于可以把目光投向客体（商品）与主体之间的缝隙了呢？

遗憾的是，我们的生存空间并没有那么透明。取代了战争的并不是和平，而是安全管理；支配空间的也不是透明性而是安全性。虽然网络使所有的一切看上去好像连成了一个整体，但实际上世界仍然被各种安全体系分割成无数个画地为牢的独立单位，并且，存在于这些独立单位之间的缝隙也不是可以自由活动的空间。它们之间的缝隙和裂痕处只是暴力的场所。只有在彻底消除了暴力的、狭窄的独立单位内，我们才能够勉强获得风格派所追求的透明，我们才能利用风格派所制作的缝隙进行嬉戏。然而，即使是在这样的场所里，我们也不知道什么时候会发生暴力，谁也不能保证这个场所的安全。所谓网络社会的和平实际上就是这种性质的和平，网络社会的透明就是这种性质的透明。透明依然没有超越虚幻的境界。

2.辛德勒：民主主义的理想

每当我思索20世纪的时候，脑海里总会浮现出一个建筑师的形象——鲁道夫·辛德勒（Rudolph Schindler）。1887年，他出生在维也纳，1953年在洛杉矶去世。我始终认为他的一生充满了对20世纪的批判。

应该说，辛德勒是一个失败的建筑师，他遭受了无数次的失败。为什么他会失败呢？究其原因就在于他是一个民主主义的建筑师。民主主义屡屡遭到失败，民主主义是一个循环的失败体系。正因为此，辛德勒也屡屡遭到失败。

人们常常把20世纪说成是民主主义的时代。正确地说，20世纪是民主主义的时代，也是一个充满失败的时代。同样，当有人问及20世纪的建筑是怎样的一种建筑时，我的回答是，这个时期的建筑既是民主主义的建筑，也是失败的建筑。

那么民主主义建筑究竟是什么样的呢？在施工阶段和计划阶段都实现了民主化的建筑就是民主主义的建筑。所谓施工阶段的民主化是指采用工业化的、开放的施工方式取代以往工匠式的、封闭的施工方式，而功能主义则是建筑在计划阶段民主化的另一种说法。功能主义是一种口号，它提出要取代以权力表象为目的的建筑，其宗旨是建造建筑是为了便于使用。它主张在做计划时要站在使用方和接受方的立场上来考虑问题，而不是优先考虑建造方和投资方的立场。这就是功能主义的本质。

空间概念同样也是建筑民主化过程中的一个重要概念。19世纪，人们开始关注存在于建筑实体之间的缝隙，并称之为空间。在确立空间这个概念时，德国建筑师森帕扮演了非常重要的角色，而继承了空间主义的则是维也纳的

图25 玛约利卡住宅（设计：奥托·瓦格纳 1899）

奥托·瓦格纳[37]和阿道夫·卢斯[38]。建筑是以空间形式呈现在使用该建筑的主体面前的。因为，接受该建筑的主体并不是置身于建筑实体中，而是置身在空间中。形态和建筑是关于实体的一个概念，是建设方的概念，空间则是使用方的概念。所以提倡空间的重要性而非实体的重要性就是站在使用者的立场上来思考建筑的革命性。

在确立了空间概念之后，人们已经跃跃欲试地指向表象了。遗憾的是，建筑物的使用者关心的只是空间的表象，对于隐藏在表象背后的结构——只有从遥远的高空俯视才能看到的建筑物整体的结构，使用者并不十分关心。于是，建筑物首先从实体转向了空间，这就催生了一切作为表象出现的表象主义，接踵而至的是彻底消除厚度或阴影的表象的建筑表现。

从这个意义上来说，最完美地体现了"建筑民主主义"的建筑师是奥托·瓦格纳。他提倡功能主义，解释空间的重要性，并在表象性的建筑——如去除了贴有薄瓷砖的所有墙面上的阴影后的玛约利卡住宅（1899年）（图25）——表现方面，走在了时代的最前列。不仅如此，在壁板工艺等建筑工业化（即施工中的民主主义）方面也进行了各种实验。

而另一方面，在法国的现代主义中依然能感觉到学院派的残渣存在。

[37] 奥托·瓦格纳（Otto Wagner 1841–1918），19世纪后期至20世纪，以维也纳为活动中心的奥地利建筑师，对20世纪的现代主义运动影响甚大。

[38] 阿道夫·卢斯（Adolf Loos 1870–1933），奥地利建筑师，现代主义运动的理论家之一。他针对表象和结构开展了各种各样的全新尝试，对空间立体的连续性表示出极大的兴趣，提倡摒弃装饰的抽象建筑表现手法。

图26 霍利霍克别墅（设计：弗兰克·劳埃德·赖特 1921）

与空间相比，他们更重视实体；与表象相比，他们更愿意找出隐藏在表象背后的价值；与工业化相比，他们更愿意追求现浇混凝土的强力表现。正是在这样的社会环境中，鲁道夫·辛德勒度过了他在维也纳的青年时代，那里也是瓦格纳曾经大显身手的地方。1910年，辛德勒进入了由瓦格纳领导的维也纳美术学院学习建筑。之后，他确立了自己在“建筑民主主义”中的核心地位。

1914年，辛德勒来到美国。据说他这次赴美是听从了维也纳建筑师阿道夫·卢斯的建议，应该说卢斯对当时的辛德勒影响巨大。卢斯本人曾经到过美国，他向辛德勒介绍了美国的建筑现状，并用照片展示了美国先进的建筑技术，特别是用钢筋制造的刚性构架。于是，辛德勒为了追求新生的民主主义，义无反顾地来到了美国。

最初他应聘到芝加哥的OSR（Ottenheimer,stern and reichert）事务所工作。他的梦想是在芝加哥学习当时最先进的钢筋技术，之后再进入他所崇拜的弗兰克·劳埃德·赖特的门下学习。1917年，他如愿以偿地进入了赖特事务所，并于1920年被任命为位于洛杉矶的霍利霍克别墅的现场监理负责人。霍利霍克别墅（1921年）（图26）对赖特来说应该算是他在西海岸的第一个项目。当时，为了帝国饭店的项目，赖特于1916年至1922年间几乎一直住在日本，所以他并不是从芝加哥前往西海岸的。而在霍利霍克别墅这个项目之后，赖特相继又设计了四栋位于洛杉矶附近的住宅，从此，赖特在美国的工作重心从芝加哥转移到了洛杉矶。

从芝加哥到西海岸，这是一次具有重大意义的转移。对于辛德勒的一生来说，对于他的建筑来说，都意义深远。而对于他的老师赖特来说，甚至对

图 27 （左）辛德勒私宅施工景象
图 28 （右）辛德勒私宅（设计：鲁道夫·辛德勒 1922）

于20世纪的整个建筑史来说，这次转移同样意义深远。

有一种特殊的建筑技术能够体现出这次转移的意义。那就是混凝土预制件[39] 技术。赖特也好，辛德勒也好，他们到达西海岸以后，很快就被混凝土预制件技术吸引住了。

赖特第一次接触到的混凝土预制件是在霍利霍克别墅中用于装饰的蜀葵形混凝土板。而在接下来的三栋建在洛杉矶的住宅中，混凝土板没有用于装饰，而是用来作为支撑建筑主体的结构材料。板的边缘有一个沟槽，当水泥灌注进去后，板就封合了。这项作业非常简单，不需要熟练工人。赖特曾经夸张地说："混凝土板是最便宜、也是最难看的一种材料。很多时候，它会用来代替岩石表面的材料。如果我们把一只老鼠放入板的侧槽里看看会出现什么情形呢？"[40]

与赖特使用的混凝土预制件相比，辛德勒使用的混凝土预制件显然要朴实得多。1922年，辛德勒在西好莱坞建起的自己的私宅。这是他离开赖特以后独立完成的第一个建筑物（图27、图28）。在这个小小的平房中，他尝试了新的工艺手法。在现场，他首先把混凝土压成一块块的平板，然后把它们一一竖起，再用灰浆把混凝土板之间的缝隙补实。就这样墙体建起来了。可以说这是一个最原始、最便宜，同时又最远离成熟的混凝土预制件结构的建筑。

[39] 与作业现场直接把混凝土浇注于铸模中的现制混凝土相反，是对预先在工厂制成的一块块混凝土制品的总称。

[40]《我的自传》（*An Autobiography*, 1932），弗兰克·劳埃德·赖特著。

图29 恩尼斯别墅的混凝土板（设计：弗兰克·劳埃德·赖特 1924）

赖特和辛德勒能够接触到混凝土预制件并非偶然。当时洛杉矶的建筑技术水平还很低，因此需要他们在这里展示一种新技术。但是要把芝加哥建筑中采用的高度的钢筋技术用在洛杉矶的建筑中是不现实的，不仅如此，洛杉矶的现浇混凝土技术水平也非常低下，甚至连熟练的砖瓦工人也很难找到。当然这一切与当地的条件和技术水平有着密不可分的关系。我们知道洛杉矶终年气候温暖宜人，这使得当地的建筑物对绝缘（隔热）功能没有更高的要求，再加上技术水平又不理想，所以人们只能在业余水平这样的低水平条件下建造建筑物。而这个时期，洛杉矶已经出现了“建筑民主主义”。就是这样的情形唤醒了赖特和辛德勒他们在内心孕育已久的“建筑民主主义”。

赖特和辛德勒同时到达西海岸，又同时完成了作为“民主主义材料”的混凝土预制件结构。然而，此后两人的人生轨迹却开始出现了偏差，甚至渐行渐远。

事实上，在他们不同的混凝土预制件使用方法上，两人的分歧已经显露端倪。赖特在设计混凝土板时，加入了细腻的凹凸状条纹，让人很容易想到玛雅的装饰（图29）。相反，在辛德勒设计的混凝土板中却全然看不到类似的工艺。赖特曾经说过这样一句话：“如果我们把一只老鼠放入板的侧槽里看看会出现什么情形？”话虽如此，他在自己设计的作品中，实际上已经给这只老鼠披上了他独有的装饰图样。艺术家赖特认为如果不这样做的话，混凝土板就无法体现出“作品”来。对他来说，“作品”是特权的象征，也是特殊的存在，他最担心的事情就是不能体现“作品”，在“作品”中没有体现出作者即“建筑师”的个性。

赖特在其思想深处无疑是建筑民主主义，证据就是他注重的是自由而动

图30 赫伯特·雅戈博斯别墅（设计：弗兰克·劳埃德·赖特 1937），安装了尤索尼亚住宅特有的水平缘饰的墙面。

态的空间，他所不断追求的是那种不限制人类活动的自由空间。同时赖特又十分清楚利用20世纪最重要的媒介（即照片）向大众传递空间的形状、空间的动态是多么的困难。因此，为了解决这一难题，他频繁使用了适合摄影的建筑要素，即伸向空中的悬臂。

的确，用照片来传递空间的感觉异常困难。要在照片上体现空间的感觉首先应该把空间转换成形象。当人们看到房顶上向外伸出的宽大的屋檐或厚厚的板层之类时，才有可能觉察到空间是动态的。通过悬臂这种形象，人们也能感到室内与室外是相互联系在一起的。尤其是照片顶端一侧高高悬起的悬臂，由于在拍摄时广角镜头需要倾斜，由此产生的效果更进一步加强了悬臂向空中伸展的动感。罗宾私人住宅（1909年）（参照图17）之所以成为“杰作”也有赖于这种形态表现力。在30年代被称为尤索尼亚住宅的一系列住宅中，赖特也进行了尝试（图30），他在木制护墙板上加上了平行的缘饰，从而夸大了平面的动感，使照片可以充分传递出空间的动态。照片这一20世纪的媒介决定了20世纪建筑设计的发展方向。

但是，用“侧槽里的老鼠”，即混凝土板，来实现这种表现非常困难。用一块块从地面堆砌上去的混凝土板来构筑伸展的悬臂绝非易事。由于制造混凝土板只能依靠人工操作，因此它的大小受到极大的限制，也因此无论是横向还是纵向，长度要超越某个极限几乎是不可能的，更何况也不适合用来表现空间的动态。然而事实上，到访过赖特所设计的、位于洛杉矶的那所住宅的人们却有幸体验到了令人难以置信的充裕空间。那所住宅体现出来的动态空间绝不亚于此前的罗宾私人住宅的和其后的尤索尼亚住宅。但是，聪明的赖特很快察觉到了用20世纪的媒介——照片来传递空间感觉是多么的困难。于是，他离开了洛杉矶。他认为在西海岸继续逗留下去已经没有任何意义，所以他选择了离开。相反，辛德勒留了下来，并在那里度过了他的一生。

赖特因为认识到了混凝土预制件的极限而决定离开西海岸。当然，他所看到的所谓极限不是指混凝土预制件这一材料的极限，而是混凝土预制件这种材料所能够带来的技术已经极具象征性地呈现出了建筑民主主义的极限。

也就是说民主主义的施工方法或计划手法（功能主义、空间主义）与20世纪的媒介之间是有裂痕的，当然，更主要的是在根本上存在着建筑这样一个巨大的物质堆积物和民主主义思想之间的裂痕。说到底由民主主义思想来决定并建设巨大的物质堆积物，显然困难重重，在功能主义的行动纲领中也存在诸多的问题。如当时设定的使用者，即主体，究竟为何许人？如何选择主体？怎样才能由个人来代表集团？如果计划中的建筑物规模非常小，只是为了某一特定的个人而建造的话，那么类似的困难自然不会出现。但是实际的情形是，建筑规模非常大，它必须可以容纳很多人，它只能是一种公共的存在。这就意味着上述的裂痕或困难是不可避免的，而20世纪大众的到来和发展更进一步加重了这一困难。

在空间主义的行动纲领中同样出现了困难。空间的设定是一个主观的过程，它的对象是一个个不同的使用者。既然这样，用这种主观设定的“空间”来决定建筑自然比以“功能”为基准来决定建筑要困难得多。同理，用特权的、积极的东西来构思建筑方法很容易，相反用被动的东西来构思建筑方法则相当困难。理由就是我们至今还没有找到合适的方法论来填补被动与主动之间的裂痕。

我并不是说民主主义的方法与媒体之间存在裂痕。媒体应该在必然追随民主主义的个人与现实世界之间的裂痕之上架起一座沟通的桥梁；换言之，媒体应该在被动和主动之间负起沟通的责任。然而正是由于媒体的介入，使民主主义遭到了破坏。法西斯主义是一个极端的例子。在这种情形下，媒体凭借自身的内在逻辑所选出的东西被错误地认为是利用民主主义而选出来的。例如，媒体通过炒作某一个人，使此人成为某个大众团体的象征。然而正是由于这样一个人的出现，使得功能主义忘记了自身方法上的缺陷，同时民主主义也遭到了破坏。在空间方面，媒体炒作被看做是认识空间存在的必要条件。就这样，某些适宜上镜的特定词汇，诸如“悬臂”、“护墙板”等等，一时间竟风靡了整个世界。

尽管20世纪的媒体坚持以空间作为该时代的主题，但是照片实在是不适合用来表现空间感。20世纪的媒体有它积极的一面，但是考虑到它的本质依然是单方面的，所以出现裂痕是时代的必然。其结果是，希望以空间为主题的20世纪建筑业最终也没有能够完成空间的目标，只是在象征空间特征的几个特定词汇流行之际，围绕着空间的主题打了些擦边球而已。不能完成空间的目标也就意味着无法正确地理解空间，进而也就永远无法实现民主主义。

在这一时期，施工方法上同样存在着难点。我们知道建筑物是庞大的，而且还有进一步加大的趋势。此时，民主化和工业化还没有能达成一致。如果用工业化的方法对这种物质的巨大堆积物进行施工的话，结果只能是与民主化的施工方法背道而驰。任何人都可以利用“开放技术”来实施建造的建筑

图31 罗维尔海滩住宅（设计：鲁道夫·辛德勒 1926）

不过是一种幻想。只有利用雄厚的资本占有的、高度的“封闭技术”，才有可能开工建造庞大的建筑，这才是现实。所以说，无论在计划阶段还是在施工阶段，庞大的建筑与个人之间并不能够架起一座沟通的桥梁。因此，个人和民主主义继续受到抑制。

就这样，“建筑民主主义”陷入了困境。有一群建筑师很快放弃了民主主义的立场。他们巧妙地脱离了符合民主主义逻辑的建筑，摇身一变，转向了符合媒体要求的建筑。如果民主主义从一开始就占主导地位，建筑师的特权职能自然会置身于危机之中。在这种情形下，建筑师的这一转变也许是一次非常明智的选择。在这一转变中，勒·柯布西耶和密斯做得最彻底，还有被认为是美国民主主义象征的赖特也选择了转变，并获得了最后了成功。赖特离开西海岸是象征转变的、也就是脱离民主主义的一次行动。他放弃了民主主义（混凝土预制件），最终选择了媒体。

但是，辛德勒在西海岸留了下来。对于辛德勒的这一选择，大致有这样两种说法：其一是因为是他是辛德勒，所以才会留在西海岸；其二是因为这里是西海岸，所以辛德勒才会留下来。

的确，作为生活在20世纪的建筑师，辛德勒可能过于单纯。他几乎从不与媒体接触，只是一味地设计、建造建筑物。他从来不去考虑建筑的形态是否适合媒体来拍照，也不考虑空间是否适合媒体来拍照。他的杰作罗维尔海滩住宅（1926年）（图31）没有入选1932年纽约现代美术馆举办的“现代建筑艺术展”，他的成就也没有得到应有的认可。1932年的这次展览会被称为是一次决定历史的展览会。因为在这里展出的作品都被自动地认定为现代主义的代表作。

罗维尔海滩住宅是由一根根柱子支撑起来的。这里既没有柯布西耶设计的萨伏伊别墅（参照图11）中那种白色、纯粹的形态表现，也没有赖特作品中的巨大悬臂。在这个住宅中，能随时享受海风的一楼十分舒适，其室外空间也远比萨伏伊别墅的柱子构成的空间构思更为巧妙，尽管如此，这种舒适感却终究无法通过照片表现。既然20世纪媒体的基本原则是以权威（如纽约现代美术馆）为重，片面地相信由权威颁发的、二元视觉的官印证书，那么从不奢望媒体炒作、一切以民主主义为核心的辛德勒式作风自然不可能受到权威的好评。纽约现代美术馆的展览会没有邀请他参展显然并非偶然，终其原因是20世纪的权威不支持民主主义，它只是一味地袒护媒体。

支持辛德勒的是西海岸这块特殊的土地。对于民主主义者来说，西海岸是一块美丽而舒适的滋生地。这里的环境是如此的温润，足以使人们误以为民主主义这一危险而又靠不住的体系能有立足之地。究其原因，主要有两个方面：一是密度。从辛德勒的私宅独自建造在绵延不断的豆田当中，我们可以看出，在西海岸这个地方，人口也好，物质也好，它们的密度都很低。这种密度让人感觉很舒服，在这里，所有个人都可以自由行动，所有的一切看上去都是那么和谐。

另一个原因是温暖的气候。可以说把一块块混凝土板堆砌起来的建筑方法不需要高难度的技术，原始的技术完全可以胜任。但是采用这种建筑方法对气候条件是有要求的，而西海岸这块土地正好具备了温润、稳定的气候条件，完全适合堆砌混凝土板的建筑方法。在这里，建筑不是巨大物质的聚集，也不是表现出凝固力的物质集聚。如果说建筑这种绝对的物质集聚和脆弱的个人之间不存在等号是“建筑民主主义”无法实现的原因的话，那么西海岸的建筑是懒散和脆弱的，它不会超越于个人之上。在这里，建筑和个人之间几乎是可以画等号。在这里，建筑不会严格规约个人的行为，它不是冷漠坚硬的画地为牢。在这里，建筑松散地散布在广阔的土地上，它不是功能和空间受到限定的圈地行为。这就是西海岸这块土地上的建筑。既然建筑如此，那么我们实在没有必要叹息建筑与民主主义背道而驰。

可以说，正是这温润的环境宠坏了辛德勒这位建筑师。在他的后半生里，他的作品变得越来越缺乏新意。就在这里，民主主义似乎已经实现，建筑和民主主义似乎已经和平共处。赖特讨厌被这种温润娇惯，于是他选择了离开。在掌握了民主主义几个重要词汇（如混凝土板）之后，他果断地离开了这块土地。

有过类似经历的人除了赖特，还有其他许多建筑师。他们都曾经在西海岸学习过建筑民主主义，并以为在西海岸可以轻而易举地实现民主主义。但是，一旦你留在那里，那么再想把民主主义传播到世界上其他地方，无疑非常困难。如果你想利用媒体或权威之类的工具把民主主义传送到世界各地，那么你就必须与西海岸这个温床诀别，远离这个地方。同时你还必须把西海岸的民主主义，即在西海岸的“司空见惯”重新包装成媒体所需的东西——把“司空见惯”装扮成“前卫”。辛德勒没有这种才能，他只能把“司空见惯”作为司空见惯，并没完没了地不断重复再生产。

众多建筑师在西海岸邂逅了建筑民主主义后又悄然离开。如西萨·佩里[41]，

图32 太平洋设计中心（设计：西萨·佩里 1976）

他在学到了一些表象性的东西后去了东海岸，在那里他成功地促成了表象向形式的转变，也因此确立了他在世界上的地位（图32）。文丘里因为从拉斯维加斯带回的东西，而成为历史相对论的缔造者（图33）。菲力普·约翰逊设计的、使用玻璃材料的奥兰治县主教堂项目（图34）为80年代的后现代主义做好了准备；弗兰克·盖里（Frank Gehry）通过表现西海岸零零散散的、不连续的建筑为解构主义[42]做好了铺垫（图35）。西海岸作为20世纪所有前卫派和所有民主主义表现的发祥地而发挥了重要作用。

这种情形还不仅限于建筑。个人电脑也是从西海岸的密度和文化中孕育出来的一项发明。就像赖特和辛德勒认为的那样，只要使用混凝土板，那么即便是微弱的个人也能建设整个世界一样，阿伦·凯（Alan Kay）认为只要利用个人电脑，个人足以应对这个世界。由此可见，如果用成果来体现西海岸的民主主义中的精华，那就是混凝土板和个人电脑。

同样是民主主义，赖特和辛德勒以失败结束，而阿伦·凯却获得了巨大的成功。由个人电脑串联起来的世界，即网络，给社会带来了一种崭新的关系，取代了以往中央集权的单一的媒体形式。然而，民主主义真赢得了最后的胜利吗？现在，世界上的绝大多数人都拥有了个人电脑，对此人们表现出

---

[41] 西萨·佩里（Cesar Pelli 1926—），出生于阿根廷的20世纪美国建筑师中的代表人物。特别是对表象表现出他独特的感性认识，追求薄而人性化的表象设计。

[42] 大量使用斜线、以无序和不协调为主题的、一度风靡1990年代的建筑设计。以法国的解构哲学为理论支柱，批判了用直角构成的以往的几何学结构。在日本，1995年阪神淡路大地震之后很快丧失了其影响力。

图 33 （右）富兰克林中心广场（设计：罗伯特 · 文丘里 1976）
图 34 （中）玻璃材料建成的奥兰治县主教堂（设计：菲力普 · 约翰逊 1979）
图 35 （左）盖里私宅（设计：弗兰克 · 盖里 1979）

异常的兴奋，就好像刚使用混凝土板时的赖特，或者说像在豆田的正中央建起使用混凝土预制件私宅时的辛德勒。但是，就在他们确信民主主义已经成功的瞬间，混凝土板从手指缝间扑簌簌地掉了下去。混凝土板相对于这个世界是如此的无力，个人相对于这个世界也是如此的无力。赖特和辛德勒无疑看到了这残酷的一幕。

重要的是只有在西海岸这种人口低密度和气候温暖的地方，人们才能看到民主主义理想的实现。个人电脑已经走出了西海岸，它被投入到制度性的海洋里并发生了质变。留在西海岸的已经不是阿伦·凯曾经梦想过的东西，而是在多重保安监管下的“自由的混凝土板”，这种看得见的保安系统与以往排挤过辛德勒的东西还不一样。究竟是何等恐怖，至今我们还不能充分理解。

3. 内田祥哉：二战后的民主主义

日本的现代建筑是由于内田祥哉[43]这位学者、建筑师的出现而得到拯救的。那么，内田祥哉是从哪里入手，又是如何拯救日本现代建筑的呢？

日本的现代建筑是扭曲了的现代主义。当然，这种扭曲不只是体现在日

[43] 内田祥哉（Uchida Yoshichika 1925–）。二战后为促进工业化建筑做出过巨大贡献的建筑师、教育家，尤其是对于日本具有世界一流水平的预制件建筑影响深远。

图 36 （左）多米诺体系（设计：勒·柯布西耶 1914）
图 37 （右）希特罗安府（设计：勒·柯布西耶 1920）

本的现代建筑上。事实上，20世纪的现代主义从一开始就是扭曲的，日本现代主义继承并加大了这种扭曲。

这种扭曲是对“现代建筑艺术”的扭曲。不仅仅是现代建筑，所有的现代主义运动（现代主义）在开始的时候，都是为了否定19世纪的艺术，即否定“为了资产阶级的艺术”这一存在形式。为此，现代主义提出，建筑必须科学化和工业化。他们的目的一方面是否定建筑物作为艺术作品的存在，这些建筑物是由那些有特权的艺术家设计、由他们用特权的、保密的施工技术建造起来的；另一方面是提倡运用开放和客观的手法（即科学化的手法）来规划和设计建筑物，并用开放的技术（即工业化的技术）廉价且大量地建设建筑物。这应该就是现代主义在初期最为重要的目标。

然而，令人遗憾的是，这一目标最终没有结成正果。原因是现代主义者们发现普及现代主义最有效的手段不是科学和工业，而是他们已经放弃并加以否定的“艺术”。这一发现改变了现代主义的方向。

我们已经在前文中提到，1932年纽约现代美术馆举办了一次“现代建筑艺术展”。在这次展览会上，一个新的词汇“国际化风格”被全世界广为知晓。这次展览会作为一次划时代的展览会而闻名于世。尽管如此，这次展览会实际上只是一次象征回归艺术的活动。它只是由那些权威的美术馆选出艺术家即建筑师，利用美术馆这一特殊空间来展示他们各自的艺术作品，虽辉煌却有悖历史潮流。在这里，曾经以否定艺术为目的的现代主义重新回归到艺术。正是这样的转变使20世纪的现代主义发生了种种扭曲。

这一转变的杰出代表人物是艺术家勒·柯布西耶。柯布西耶也是以科学

图38　希特罗安府平面图（设计：勒·柯布西耶 1920）

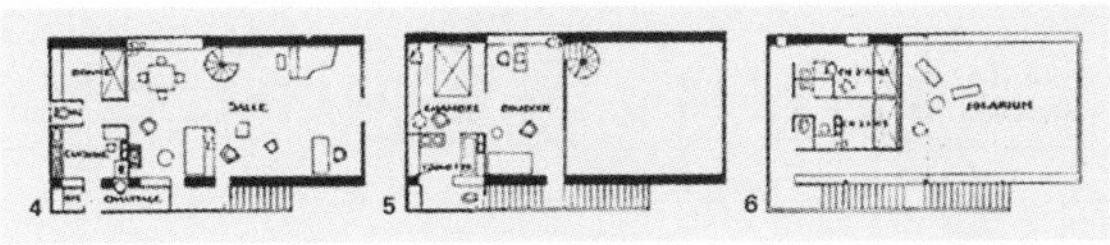

和工业为宗旨开始其建筑师生涯的。他曾经提议在多米诺（图36）、希特罗安府（图37、图38）这两个项目中使用预制件材料，他还致力于科学管理建筑物尺寸的模数理论（图39）。这种工业化、科学化的思维方法曾经是他思想的起点。但是很快，他放弃了科学和工业，走向了艺术。工业化其实也应该包含在模数理论之中，当这样的想法被用来探究艺术时，柯布西耶完成了他的思想转变。这里所说的艺术又与希腊和文艺复兴时期的艺术密切相关，后者以专业的比例来体现美。

从科学化、工业化转向艺术，促成这一转变的是混凝土。混凝土这种材料是可以适应任何造型需要（艺术造型）的一种材料。20世纪的“艺术建筑”就是混凝土的产物。柯布西耶最大限度地利用了现制混凝土的可塑性，因此他在人们不知不觉中已经悄然地偏离了原来的科学和工业化的行为理念，并一次次地实现了他优秀的“艺术作品”。

在日本，继承并发扬柯布西耶艺术的是丹下健三（Kenzo Tange）。丹下用“美的东西是功能的”这句名言驳斥了“机械的东西是美的”这一功能主义的基本行动纲领。这是一种充满自信的宣言。他宣告艺术是凌驾于科学、工业化之上的。使这一宣言成为现实的不是别的，正是日本这一国家的落后性。

在西欧，否定“作为艺术的建筑”是现代主义最基本、也是必要的条件。柯布西耶也一度否定过艺术，但是为了重新确立艺术，他需要利用混凝土及模数理论这些工具。而在日本，由于本来就没有处在特权地位的建筑师，所以也不存在带有特权性质的艺术建筑，因而从一开始就不存在否定艺术的必

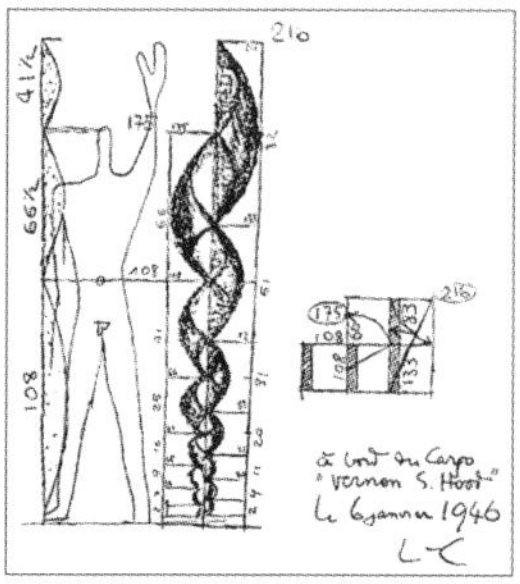

图 39 模数理论（勒·柯布西耶 1946）

要性，相反，必须尽快创造出艺术来。在这里，作为落后的、单一民族国家的形象战略，日本从本国的立场出发想要利用建筑这一媒介的动机也是多方面的。在西欧，为单一民族国家服务的是19世纪的古典主义建筑。但在以日本为首的一些落后国家里，这个角色似乎受到了20世纪现代主义的影响。于是形形色色的扭曲产生了。丹下意识到了这种扭曲产生后的需求。他完美地演绎了建筑的艺术，并巧妙地把混凝土的自由性发挥到了极致。

在这种典型的日本式构图和艺术形式中，建筑的科学化和工业化无疑受到了抑制。在优秀的艺术家所创作的艺术性混凝土建筑中，应该说日本完全达到了世界水平。但是，在作为现代主义最大课题的建筑科学化和工业化方面，日本的水平与世界水平相去甚远。我们知道所谓的建筑科学化和工业化不过是建筑民主主义的别称而已。所谓建筑民主主义是让建筑回到市民手中的一个过程，致力于让建筑从官方的工具转向百姓的工具。

在日本现代建筑中，建筑作为艺术品高高矗立，并受到社会极大的关注。另一方面，民主主义的思想被彻底抛弃，这样一来，完全缺少了民主主义意识的现代建筑运动便畸形地开始了其发展历程。

内田就在这一时期登场了。其实把民主主义作为研究课题的不只是内田一个人。如果把丹下看做是现代主义第一代代表人物的话，那么以内田为首的第二代现代主义者们——且不论他们本人是否意识到了——他们都胸怀建筑民主主义的大志，并开始了自己的发展历程。芦原义信[44]、清家清[45]和池边阳[46]分别用各自不同的方式挑战了民主主义。芦原采用的是重视外部空间的独特姿态，试图否定纪念碑式建筑物作为艺术物体（客体）的存在，自

图40 斋藤副教授家（设计：清家清 1952）

然，他的这种姿态也无法完成纪念碑式建筑物；清家提出了日本传统民居中灵活的设计手法和现代主义之间的同一性；而池边则尝试了设计手法的彻底科学化。

然而，从建筑民主主义的观点来看，这三个人的尝试显然都没有结果。芦原虽然实现了对外部空间的科学论证，但是他却没有能够科学地去论证最为关键的建筑主体。事实上，对于他来说，似乎也没有必要这样去做。清家的方法过于感性，他缺少科学的态度和工业化的观点，因此要普及他的方法并使之最终融于社会异常困难。清家的小住宅（图40）显得异常冷峻，足以使到访日本的格罗皮乌斯感到惊诧不已。但是，不愿意使用科学方法论的清家并没有办法把这种冷峻的一面应用到大型建筑上。相反，池边在把科学和设计相结合的方面又显得过于认真，也过于急迫。他遵循科学的步骤，一心寻找把功能翻译成计划的方法。柯布西耶也主张这一方法，但是他却从不认为这种方法可以用在设计中，因为他凭直觉意识到这种方法难度非常大。而池边则完全陷入其中无法脱身。

另一方面，内田大胆地预言："如果明天的目的与今天的不同，那么今天

---

[44] 芦原义信（Ashibara Yoshinobu 1918—2003），二战后日本现代主义建筑师的代表人物之一。曾经就学于哈佛大学的马歇·布劳耶（Marcel Lajos Breuer）门下，提倡内外部一体化的、开放的建筑。

[45] 清家清（Seike Kiyoshi 1918—），二战后日本现代主义建筑师的代表人物之一。20世纪50年代因其充满透彻感的、木结构的小型住宅而受到世界的瞩目。

[46] 池边阳（Ikebe Kiyoshi 1920—1979）。二战后日本现代主义的代表性建筑师、教育家。20世纪50年代因一系列以工业化为主题的小型住宅而广受关注。

图41 显本寺的预制件混凝土屋顶(设计:内田祥哉 1998)

备受好评的东西明天也许会变成一无是处的东西。”他用这样简洁的一句话，巧妙地指出了功能主义的底线和危机。他没有用功能、目的等这类暧昧的概念作为媒介，而是尽可能直截了当地、客观地去面对建筑。

当然，并不是说只要直截了当地、客观地面对建筑，建筑就一定会成为科学化的产物。直截了当和客观性往往会把人们引向非科学的工匠时代。内田没有陷入这样的神秘主义。我们知道，神秘主义和艺术的夸夸其谈在任何社会都会存在于建筑领域的某一角落，喋喋不休地说一些与建筑革命、与社会变化毫无关系的废话。内田没有时间和这些废话打交道。他成功地使建筑成为科学化的产物，并把工业化的观点引入到建筑之中，最终实现了建筑的民主化。如果他的现实主义和神秘主义发生直接联系的话，那么他的思想可能就不会对日本的建筑生产方式带来革命性的影响，他也不可能提出与丹下的方法和艺术主张不同的观点了。所谓日本的建筑由于内田的出现而得以拯救这一说法指的就是这个意思。那么，既然他是客观的，为什么没有陷入到神秘主义之中?

原因就在于要素这一概念。因为他没有把建筑看做是一个不能分割的整体，而是尽可能地把它们看做是一种独立要素的集合体。科学就是从发现独立的要素开始的。但是现代主义由于发现了混凝土这种优秀的材料，从而抑制了把建筑分裂成独立材料的趋势。这是因为混凝土一旦成为一个完成的整体，就没有办法再把它拆解成独立的部分。尽管如此，这种没有固定形态的液状混凝土却是一种可以自由创造出任何一种形态的万能材料。内田对此发出了挑战，他要把这种材料从艺术的、神秘主义的混沌中解放出来。他的这

图42 （左）内田祥哉私宅中用皱折纸做成的隔扇（设计：内田祥哉 1962，扩建 1974）
图43 （右）武藏大学科学信息中心（设计：内田祥哉 1988）

一态度始终贯穿于他的研究和设计的作品之中。

例如，他尽可能地避免使用整体的现浇混凝土方法，而坚持使用一块块独立的混凝土预制件材料（图41）。在使用柱子、房梁等个体材料的木结构建筑中，他表现得尤为执着。在最后对建筑进行内装修外装饰时，他依然喜欢选用瓷砖之类的各自独立的材料，而不愿意选用类似喷漆或涂料那样的液状材料，甚至在使用墙布的时候，他也特意选择已裁剪成一块块的布块材料（图42）。总之，他使用的所有材料都与稀软的液状物区别很大，所有材料都可以分解成独立的东西用来进行分析。

总之，对他来说，现浇混凝土的方法是魔鬼，是他的敌人，他用充满幽默的方式不断攻击这个魔鬼。例如，他指出现浇混凝土是如何地缺乏耐久性。他还固执地指出，现浇混凝土粗看上去好像石头那样坚硬、有耐久性，但实际上它是一种异常脆弱的材料。为了弥补这一缺点，他采用了混凝土预制件，同时又为了确保材料的耐久性，他提倡使用从混凝土中分离开来的双重皮膜（图43）。他还指出，混凝土预制件建筑的结构技术是日本木建筑结构技术的延伸，因为制作混凝土预制件必须用到木制的模型，只有把液状的混凝土注入模型中才能定型。他清楚地认识到是利用木板材料而实现的加工技术成就了由混凝土这一神秘材料建成的整体建筑。就这样，内田一个又一个地揭示了混凝土的神话。

为什么内田会如此坚决地否定现浇混凝土的作用呢？因为现浇混凝土在结构上和施工上都属于一种具有很强可塑性的连续体，它可以轻松地把合理主义与神秘主义、工业与艺术结合起来，而这样的结合不仅导致了现代主义

图44（左）日本生命日比谷大楼（日生剧场）（设计：村野藤吾 1963）
图45（右）都宾馆佳水园（设计：村野藤吾 1959）

的裹足不前，也使得现代主义陷入艺术的圈套，从而滞缓了建筑的民主化。有鉴于此，内田要否定现浇混凝土，他试图把这种轻松结合的整体重新分离开来，并希望通过这一尝试努力拯救日本的现代主义。

4. 村野藤吾：制度和唯物论

我们很难对村野藤吾[47]这位建筑师给出定论，但是我却被这样一位难以定论的人物深深地吸引。拒绝分类的人总是会嘲笑分类这种做法。于是，在研究村野的过程中，我不得不研究分类，重新认识分类。的确，像他这样的建筑师实在为数不多。

在以往正式的现代建筑史中没有记下村野的名字，应该说，村野这个人物是现代建筑史无法解释的一个存在，他的存在是对正式的现代建筑史的批判。正式的现代建筑史所描绘的老一套构图方式指出，现代建筑以否定虚伪的风格派建筑为基础建立的。根据这种一分为二的思路，在现代建筑占主导地位的时代里，村野成了一个囿于风格派思想的、应该受到唾弃的落伍者，与“落伍者”村野相对的则是“先驱者”丹下健三。日本现代建筑的正史如是说。

有人把村野定位为“风格派”，对他们来说，日本生命日比谷大楼（日生

[47] 村野藤吾（Murano Tougo 1891—1984），1918 年从早稻田大学建筑专业毕业后，就职于大阪的渡边节建筑事务所并设计出了经典的样式建筑。1929年起从事独立设计，在之后的半个多世纪里，发表了许多不拘泥于形式的充满自由造型的作品。

图46（左）日本兴业银行本部（设计：村野藤吾 1974）
图47（右）日本生命日比谷大楼外墙接缝的样子

剧场）（1963年）（图44）就是最好的证明。关于这一点，只要翻开村野的作品集，就可以知道这的确是一个毋庸质疑的事实。除了那些被认定属于日式范畴的一系列作品，如佳水园（1959年）（图45）、松寿庄等，日生剧场显然是最接近风格派的一个作品了。

首先，日生剧场外墙上使用的石材与风格派极为相似。而在村野的其他作品中把石材用于外墙上的出乎意料地少，屈指可数，如日本兴业银行本部（1974年）（图46）、箱根王子饭店等。并且，在使用手法上，它们也不尽相同，如日本兴业银行外墙上使用的石材表面光滑，这种使用手法与其说是风格主义，不如说它更接近现代主义。总之，在他的作品中，唯一能让人马上联想到风格派的作品就是日生剧场了。这个作品所使用的石材清楚地体现出风格派组积造隔行对齐[48]的垒砌方法，而且他在这些石材表面还进一步强调了组积造的表现，沿着隔行对齐的接缝，留下了轻凿过的平直外饰（图47）。而石材墙面上特意留出的一条缝隙也进一步强调了风格派的特点。窗户设计成aba的结构，中间大两侧小（图48），属于帕拉第奥式拱形窗[49]（图49）的变化式样之一，也是古典主义的风格建筑中最普遍的主题图案。此外，最上面饰有铜片的房檐，用风格派建筑的术语来说，就是水平檐口[50]。在村野

[48] 纵向接缝不对齐地交叉堆砌石块或砖头的建筑方式。接缝纵向对齐堆砌的堆砌法叫直线堆砌法。
[49] 矫饰主义建筑师安德烈亚·帕拉第奥频繁使用的窗户形式。以大型的半圆拱形为中心，支撑该拱形的两侧细圆柱的外面，加上窄长的长方形窗户。被称作帕拉第奥主题。
[50] 严格地说是指古典主义建筑中的水平梁（柱子顶部呈梁状的水平带）最上面突出的水平带。广义地说是为了分割墙体而采用的装饰性的水平带。

图48 （左）日本生命日比谷大楼的窗户
图49 （右）维琴察的巴西利卡（设计：安德利亚·帕拉第奥 1549）

藤吾的作品中，像这样明显地表露出其“落伍性”的作品除此之外大概找不出第二个了。

但是，这仅仅只是外表。当你进入到里面，你的印象会一点点地发生变化。虽然一楼大厅的地面铺的依然是大理石的石材，但天井的风格却完全不同。当你抬头看去，你会发现悬在上面的是泛着银光的铝质材料。这种以现实中的工业产品为材料的、充满光泽的几何图形的设计属于装饰派艺术[51]。而在闪闪发亮的天井和大理石地面之间的空间里，楼梯似凌空而起（图50）。在装饰派艺术中，并不存在把楼梯作为一个独立元素悬在空间的表现方式。所以这种悬空楼梯无疑是现代主义的产物。村野用独特的优雅曲线和华丽的扶手使楼梯看上去异常轻盈，没有沉重的感觉。这种轻盈远远超越了勒·柯布西耶和密斯作品中的“轻盈元素”。它折射出一种独特的气质，我们很难定义它是风格派的，还是装饰派艺术的，抑或是现代主义的。

一进入到剧场里面，一个超越了分类的神奇世界即刻展现在你的眼前。随意弯曲的曲面和天井看上去像高迪风格，但是那里又有高迪风格所不具备的明亮而硬质的光泽，还有远远超越了高迪曲面风格的动态感。这种独特的光泽是由于在浅紫色的石膏中添入部分使用了金箔的玻璃马赛克瓷砖和珍珠色贝母的贝壳实现的。像这样的天井设计手法在世界上独一无二。发亮的墙壁上尽管有阳台和出入口等开口，但还是能够清晰地感觉到它完整、平滑地

[51] 1952年在巴黎举行的国际装饰博览会（通称装饰艺术博览会）为契机，在全世界流行开来的设计风格。流行于图形、工业设计和建筑，常常与19世纪末的新艺术主义进行比较。

图50 （左）日本生命日比谷大楼悬空的楼梯
图51 （右）日本生命日比谷大楼外墙拐角部分

伸向四周，伸向每一个角落。

很显然，日生剧场的内部空间所具备的这些空间特征与所谓的风格派建筑的空间特征截然相反。一句话，日生剧场体现出来的是空间的现代化。它所拥有的轻盈感、表象性、平滑性、硬质性和光泽度等，都是构成空间现代化的重要元素。可以说20世纪的建筑运动都是以实现这种“空间现代化”为目标而展开的，无论是现代主义，还是新艺术派，抑或是装饰派艺术，均无一例外。把日生剧场内部和20世纪建筑运动的其他成就进行对照，我们发现它的“空间现代感”丝毫也不逊色，而且还给我们出了一个不大不小的难题。我们不知道该把它归类到哪一种具体的艺术流派之中。

参观完内部走出剧场再看外部时，我们自然而然地会对已经熟视无睹的剧场外观产生不同以往的看法。贴有石块的外墙只有一个薄薄的表面外装，好像是在告诉我们它不是承重墙。再细细观察形似帕拉第奥主题的窗户周围，我们可以从一些细小处发现该墙壁是如此的单薄。分别面向两条街道的两个表面相结合的拐角部分（图51）更进一步强调了它的单薄。对于村野来说，薄薄的窗户，也就是外墙的表面性，是他一生追求的课题之一。“我要考虑的是如何把窗户的样子做得更好看些。当然这一次我同样考虑了窗户的深度问题，我认为要使窗户显得更美观些，那种深度还是比较合适的。我没有把窗户做得太深，因为窗户太深不好，会完全破坏正面的效果。”[52]

[52] 村野籐吾／浜口隆一："谈日生"（对话），载《新建筑》，1964年1月号。

外墙的表面性通过结构柱和外墙之间的位置关系再次得到体现。窗口的部分并非开在柱子和柱子之间，而是开在与结构柱水平的位置上。因为外墙是利用悬臂向外突出的非承重墙，所以才有可能对窗口进行这样的处理。尽管如此，窗口位置的设定还是与古典主义的标准[53]相去甚远。针对村野设计的建筑，一时间批判其结构体系和设计之间互不统一的讨伐声此起彼伏。其中日生剧场的钢筋结构外墙上贴石块的组合方式更是成了一部分人批判外形的一个靶子，而发起批判的主要是那些信奉现代派建筑式样的人。他们说：日生虽然是由剧场和办公楼构成的一个综合性建筑物，但是其外观并没有体现出这种综合性来；而且相对于建筑的多功能性，其正面却感觉不到它的多功能性。其实当你认认真真、仔仔细细地去思索的时候，你会发现正是这种具有随意性的外墙才真正体现了建筑的现代性。在实践现代建筑五大原则之一的独立于结构的“随意的正面”[54]的建筑师中，柯布西耶是一个最好的例子。批判村野的现代主义者们也许在不知不觉中已经站到了与现代主义不同的立场上。那么，这个立场究竟是一种什么样的立场？这是我所关心的问题。

如果再慎重地去研究一下外观构成，那么粗看起来好像是风格派的外观，实际上在其背后却隐藏了一种反风格派建筑的形态操作。首先，日生的外观

---

[53] 古典主义建筑重视由柱子支撑建筑的表现，把结构上的柱子与柱子之间作为窗户是它不变的规则。

[54] 通过从结构体上分离外壁，就可以在合适的位置上做一个合适的窗户，柯布西耶称这种方法为“自由的正面”，并把它列为现代主义建筑五项原则之一。

图52　萨伏伊别墅（设计：勒·柯布西耶 1931）

很明显采用了三重结构，分别是低层部分、中间部分和闷顶部分。由这三个部分构成的三重结构体现出古典主义建筑的核心理念，也是古典主义建筑的最基本准则。但是日生剧场采用的三重结构与普通的三重结构又有所不同，可以说它的形状非常独特，也非常奇特。在古典的三重结构中，低层部分又叫基座部分。这个部分体现的是量和块，是有重量感的表现。中间部分体现出的是面。而闷顶部分则要体现出轻快的线。在层次结构上由于从下往上的构成表现为由“重”到“轻”的形态和材质感，使得整个建筑物有了一种古典的稳固感，这也是古典的三重结构手法的目的所在。但是在日生这个建筑物中，所体现出来的层次构成却完全不同。最有重量感的是颇具乡村风格（表面粗糙的石块）的中间部分。本该有量和块表现力的低层部分则由线性的柱子和透明的大玻璃构成。由于处于中间部分最下面的二楼部分的墙面与三楼以上的墙面并不在同一个面上，因此，低层部分是往里缩的。古典主义的基本原则是，为了增加建筑的稳定性，其高度越高，建筑物的墙体越往里缩。日生的建筑却与这一原则背道而驰：越往上墙面反而越向外突出。

当然，三重结构的倒置形态并不是始于村野。作为现代建筑五大原则之一，柯布西耶所提倡的柱子就是把三重结构倒置过来的形态。在其代表作萨伏伊别墅（1931年）（图52）中，他非常理性地把三重结构倒置过来。在这个建筑中，相当于低层部分的一楼是由细长的柱子和透明的玻璃构成，相当于中间部分的二楼则是呈平面的表现形式——开了一个横联窗，相当于闷顶部分的三楼则是混凝土的、抽象的量和块（体积）的表现形式。就这样，三重结构在转换成现代表现形式的时候上下完全颠倒了。

图53　宇部市民会馆（设计：村野藤吾 1937），从中可以清楚地观察到与装饰派之间的相似性。

那么日生和萨伏伊别墅这两座建筑，哪个是现代的呢？如果单纯比较表面的表现形式，那么无疑柯布西耶是现代的，日生则是古典的、风格派的。但是如果把一个已经结束了的美学——静态的美学——占主导地位的世界称作古典的话，那么显然萨伏伊别墅是古典的建筑，而日生不是。日生虽然表面上运用了古典的表现形式，实际上却通过无数种违反这一形式的行为对古典的静态美学进行了彻底的、无情的批判。日生就是这样的一座建筑。如果把以整体方式批判古典的行为说成是“现代性”的话，那么日生是一座非常现代的建筑，其现代性程度远远高于萨伏伊别墅。

那么，萨伏伊别墅具备而日生并不具备的东西是什么呢？是理念。因为理念使萨伏伊别墅成了现代主义的神殿，成了建筑教科书上的基本范式。另一方面，日生的现代性由于其结构和表象的不统一等原因，只能受到批判，而从来没有人说它是典型的现代性。看起来，日生剧场这座建筑似乎完全缺少理念。不仅日生如此，村野设计的建筑基本上都没有可称为理念的东西。尽管如此，在他设计的建筑的最深处还是活跃着某种强烈的、鲜明的现代性。在这个意义上，村野的建筑与装饰派艺术的建筑有相通之处（图53）。事实上，按年代划分，20世纪20年代经济大萧条之前的纽约，使装饰派艺术达到盛极一时的建筑师几乎和村野同处一个时代。装饰派艺术也曾经追求彻底的现代性。当时还没有装饰派艺术建筑这个名称，这一类型的建筑被笼统地叫成“modern architecture”（“现代建筑艺术”），这也证明他们是追求现代性的。装饰派艺术的建筑通过随意地改变、操作，并借用古典主义、哥特式艺术等形形色色其他思潮的表现方式，极力追求用表面性、硬质性、流动性等术语来表现空间的现代性。由此可以看出，在装饰派艺术中同样也欠缺理念。

然而，使装饰派艺术充满魅力并使它戴上光环的，难道不正是它的“理念的欠缺”吗？还有，向受风格派影响的装饰派艺术下最后通牒，并使风格派过早夭折的原因不也是“理念的欠缺”吗？装饰派艺术形式并非夭折于1929年的经济大萧条，它是由于来自欧洲的有“理念”的“外来者”的“入侵”而断送前程的。是那些带着国际风格派的“理念”和从欧洲来的前卫派建筑师们，给装饰派艺术画上了句号。用个性和感性十足的方法来追求现代化的装饰派艺术在与派性十足的(在这个意义上是政治的)、用理论的方法追求现代化的风格派的交锋中，装饰派艺术结结实实地吃了败仗。

既然如此，为什么村野的装饰派艺术能长期生存下来？为什么只有村野能在国际上风格派的鼎盛时期依然能够生存下来？综观世界现代建筑史，这绝对是一个例外，是一件令人不可思议的事情。应该在经济大萧条时期陨落了的装饰派艺术在日本却一直延续到20世纪80年代。也许我们可以说村野甚至比世界范围的风格派的存在时间还要长。这不是简单的物理学上的时间延伸，因为直到1984年去世之前，村野一直在不间断地创作成熟的、富有激情的作品。那么究竟是什么使他创造出这样的奇迹呢？我的兴趣集中到这个问题上。因为它已经超出了如何评价村野作为建筑师的范畴。也就是说，这个问题同个性与感性的方法能否凌驾于政治与理论的方法之上同属一类。

要回答这一问题我们必须首先了解一下日本这个国家的特殊性。村野为了使自己的装饰派艺术能在国际流行的风格派这个新的制度化的美学中生存，曾经调动了各种日本特有的元素，并因此在日本创造了在美国或欧洲都不可能出现的奇迹。例如，村野设计出了茶室式建筑[55]这一饱含日式元素的建筑形态。茶室式建筑的美学就是前面所提的“无理念的现代性”。它的美学本质就是要对于已有的各种风格派的表现形式展开无情和彻底的批判。从这一点上来看，把茶室式建筑称为装饰派艺术也无可厚非。但是，茶室式建筑并不像装饰派艺术那么脆弱，因为它本能地察觉到了自身的方法论是那么容易受到伤害，所以茶室式建筑通过建立重重制度在这个方法论的周边构筑起一层保护。

首先，茶室式建筑的设计者会得到近乎家族式的体制与承继职责系统的保护，局外人要进入其内部异常困难。此外，极端排他性的施工体系又使得设计者受到更为严密的保护。在日本众多的传统艺术中，这种所谓的美学意义上的vulnerability(脆弱之处)都是这样受到制度保护的。村野不仅是一位现代建筑设计师，同时也是一位茶室式建筑的设计大师。在继承和发扬茶室式建筑的过程中，他不断地设计出漂亮的、无可挑剔的茶室式建筑。由于村野本人身处这种茶室式建筑的制度内部，所以他自然受到这一制度的严格保护。在这一点上，村野的境遇与装饰派艺术建筑师形成了鲜明对照。村野有家可回，有遮风避雨的地方。在现代建筑这个领域里，尽管村野所尝试的显然是异常随意而危险的设计，但由于他是茶室式建筑的大师，因此他得到了

---

[55] 与主体分离的茶室。也指茶室建筑的自由与自然主义的设计方法，它与正规的、都市性的书院建筑相反。

认可和承认。当然，这决非易事。

当然，采用茶室式建筑方式的并不只是村野一个人。吉田五十八[56]是因采用茶室式建筑手段而生存下来的另一位装饰派艺术家。他们两人的生活年代很接近，并且对茶室式建筑的关注程度也不相上下。但是有意思的是，吉田和村野的风格却大相径庭。用一句话来概括，就是设计师村野有两个场所，一个是实用的设计事务所，在这个舞台上，他可以直面时代，通过与时代的直接交锋来追求现代性；另一个是存在于战斗缝隙中的“可以回去的家”，即茶室式建筑这一避难的场所。

相对而言，设计师吉田一生的活动场所却只有一个。对他来说，商业建筑也好，所谓的茶室式风格建筑也好，都是一回事。他把商业建筑理解为茶室式建筑的延续，通过保持茶室式建筑和现代化的大规模建筑之间的连通性，通过协调茶室式建筑和现代主义的设计，从而确立了自己的独特风格。

对于村野来说，茶室式建筑却已经是一种现代性的表现。它不是静态的、已成过去时的风格派的一种，而是不断批判并颠覆以往现代性的一种表现形式。在这个意义上，对于村野来说，“可以回去的家”便等同于“茶室式建筑”，它不再是战斗结束后用来解除疲劳和休养生息的场所，而是有关现代性的实验场所（图54）。如果按照村野的这一茶室式建筑观点，他认为吉田的茶室式

[56] 吉田五十八（Yoshida Isoya 1895—1974），因其独特的日式建筑设计而闻名的建筑设计师。他致力于茶室式建筑设计的现代化，研究设计朴素的隔扇、暗柱墙壁及透光天井等，被称为“现代茶室式建筑”的开创者。

图54 （右）帝国饭店茶室（设计：村野藤吾 1970）
图55 （左）川合玉堂别墅（设计：吉田五十八 1936），这是一个已经完全抽象化了茶室式建筑。

建筑（图55）不过是与现代主义妥协的结果，是已经失去生命的、冷冰冰的一个式样，它已经远离了作为永久实验室的茶室式建筑的本质。因为村野认为，茶室式建筑本身已经是一种现代性，所以把它与现代性进行调和的行为极其荒谬。

村野在吉田死后的一篇悼文中评价吉田是长歌(日本三味线音乐的一种)高手，吉田所设计的建筑是长歌式的。这里所说的长歌是对已死亡的茶室式建筑风格的隐喻。长歌曾经是东京现代主义的精髓，而现在村野认为它只是一种古董。村野认为调和茶室式建筑和现代主义之间的关系问题是对现代主义精神的否定。村野对吉田提出的调和论进行了批判，认为在吉田准备调解这两种风格的时候，结果已经显而易见，那就是会出现一种与眼前的现实动态毫无关系的、令人啼笑皆非的 “四不像”风格。村野反复强调自己是现代主义者，意指生活在当下的人。在现代主义者村野看来，他一定认为，把风格派的茶室式建筑和现代主义风格结合起来的吉田是与现代主义者截然相反的风格主义的拥趸。

村野除了利用茶室式建筑这一元素之外，还巧妙地利用了丹下健三的存在。我们知道丹下在他那个时代里处于主流地位，而村野则不然，他是非主流的。他们互为对手。村野的高明之处就在于他从不与自己的竞争对手正面交锋，而是想方设法地利用竞争对手。竞争对手越活跃，村野的存在价值也就越高。这就是村野希望的效果。村野熟知在日本的文化中，要躲开批判，非主流这一文化舞台是一个非常合适的安全场所。他充分地利用了这个场所。

就年龄而言，丹下生于1913年，村野则出生于1891年，两人相差22岁，也就是说，他们基本上属于同一时代。村野比丹下要年长许多。虽然如此，当我们重新翻开历史去了解两人的过去时，发现他们并没有按年龄的长幼而先后出现在历史的舞台上。事实上是丹下先于村野，也就是说村野受到人们关注的时间在丹下之后。作为设计家，丹下的鼎盛期是在1964年设计国立室内综合竞技场之前，而村野作为设计家的鼎盛期则开始于1963年设计日生剧场之后。在日本，设计家丹下是“理想的现代性”的代表，他因此也代表着日本建筑师的主流风格，取得了建筑领域的发言权。

但是，在日本，文化的主流往往会陷入文化的空洞中，这与日本政治权力的空洞化有许多相似之处。在日本，批判主流派文化的非主流派形成了一种最丰富又最具独创性的文化。例如，相对于主流派建筑模式的书院，非主流派的茶室式建筑表现出对书院建筑的批判态度。事实上，茶室式建筑更具备一些值得我们关注的东西。村野选择了非主流派的立场并旗帜鲜明。村野在很多事情上与丹下形成了对抗关系。就好比东京大学对早稻田大学、官方对民众、东京对关西、理性对感性、男性对女性、 工业制品对手工业制品那样，这种对抗所形成的对称关系完美得几乎可以称得上是一种艺术的表现。

我们已经知道村野的鼎盛期是在20世纪60年代，也就是在他过了60岁以后。他的鼎盛期之所以姗姗来迟并非偶然。这时，丹下的主流地位已经确立，就在其地位确立的同时，村野这个非主流人物也崭露头角。当然，这并不是说非主流的村野是无缘无故地获得了声名。村野是在清楚了解当时日本非主流派应该具备的条件和拥有的潜力的后才开始演绎其非主流派的角色的。也正因此，他得以在20世纪60年代以后取得辉煌的声誉。通过调动当时日本的各种文化元素，代表“无理念的现代性”的村野成功地在“有理念的现代性”占主导地位的现代主义全盛时期生存了下来，并一直伴随至现代主义理念的消亡。

不过，仅仅用茶室式建筑和非主流来解读村野这位建筑师是远远不够的。我们不能单纯地从日本式的特殊性里面去寻找有关村野的答案。如果村野只是个局限于这种水平的“日式”建筑师，他绝不会沉迷于马克思的《资本论》，也不可能在日本式的特殊性中安稳地生存下来，并轻松度过一生。村野一生对《资本论》爱不释手，就如同基督徒对《圣经》爱不释手。这是解读村野这个谜一般人物的关键所在。

我们完全理解村野对经济的关心。因为如果以丹下为核心的主流派的职能是代表“官方”和“政治”的话，那么以村野为核心的非主流派的职能就是代表“民众”和“经济”。事实上，村野确实得到过财界的大力支持。当然仅凭这一点，虽然可以说明村野的确很关心经济，却不足以说明村野为什么会对马克思感兴趣。因为在当时，除了马克思还有提出“看不见的手”的亚当·斯密，还有凯恩斯，还有货币主义。可是为什么村野只偏爱阅读马克思的著作呢？

马克思说过：“商品价值的实现是惊险的跳跃。”正是这句话把马克思和村野联系到了一起。对于亚当·斯密等古典派经济学者们来说，商品决不会跳跃，也没有必要跳跃。因为他们认为商品的价格由一只“看不见的手”自行操纵，人们根据这个价格原理可以轻松地实现商品交易。但是马克思知道交易也好、市场也好，它们其实都没有那么简单。所谓交易，原则上是在两个不同的价值体系、不同的价格标准之间进行的。正因为此，商品存在交易的必然性和必要性。马克思解释说：当然，在不同价值体系上交易的商品在生产过程并不清楚是否一定会被对方接受。因此从这个意义上来说，商品会有一次惊险的跳跃。同样对于村野来说，无论是建筑物还是建筑师也都是需要经历一次惊险跳跃的商品。但对于那些以官方的工作，如公共建筑的设计等为谋生手段的建筑师来说，他们并不需要有这样的认识。因为他们建造的商品毫无疑问会自动被人们接受并使用。因此，他们建造的商品必然是松散的。另一方面，在村野的商品中，我们却可以体会到：一方面是只有被迫需要跳跃的东西才有的婀娜多姿与妩媚；另一方面是要把自己碾碎的紧张感。而这两个方面与现代性相一致。

这是因为“商品”的危机本质在于若干价值体系共存。所谓的现代性只是这一类型的危机的别称。到了现代，若干价值体系互相碰撞，并由此产生了所有现代的表现、现代的科学。为了解决这种危机，凯恩斯经济学和货币主义等纷纷出炉，在20世纪的舞台上尽情地展示它们各自的才能。但是，20世纪的这些经济学理论解决商品危机的方式归根结底还是要依靠制度，也就是说，这些经济学理论是为那些处在体系上层的，或者说把体系作为操控对象的人服务的经济学理论，是所谓的“官”本位的经济学。真正设身处地站在一个商品的立场上，去理解这种危机本质的唯有马克思一人。因此，村野迷上了马克思，并像基督徒通读《圣经》那样通读马克思的著作。

还有，马克思超越了经济和商品的范畴也是一个不争的事实。马克思和村野都认为所有个性与感性的东西同时都存在“商品”的危机。在现代化的这一产业领域一体化的过程中，它们都需要经历一次“惊险的跳跃”。

乍一看，“商品”的危机似乎是由于凯恩斯经济学和货币主义而得到拯救的，个性与感性的东西所存在的危机则好像是由于以密斯为代表的、制度化的理性美学而得到拯救的，这实在是20世纪这一时代的错觉。密斯提出了“等质空间”，指出这个空间接受一切个性与感性的东西，是一个无限宽容的场所。但是，一个又一个的“商品”——“个性的东西”——真的因此而得到拯救了吗？在此之后，近一个世纪的时间已经过去，我们不得不接受这个宽容的等质空间其实并不存在的事实。所有的宏观经济学均以失败而告终，经济学这门学问在消极的阴影笼罩下业已荒废。

现代主义所提倡的理念，其真正目的在于发出一种宣言。它宣称，建筑是超越商品之上的一种客观存在。对此，村野清醒地认识到，建筑说到底只是一种商品，它无法超越商品，不可能站到超越现实的位置上，而且商品还不断需要惊险的跳跃。基于这样的一种认识，他把商品设计得比任何人都要轻盈、光亮。同时他对现有的所有建筑手法不断提出批判，也正因为此，他的商品一向都充斥着紧张感。

用理念无法拯救商品。村野熟知这个道理。因此从这个意义上来说，他是彻头彻尾的唯物论者，也是彻头彻尾的马克思主义者。所谓他比现代主义更长寿指的就是这个意思。如今我们正在被拉回到马克思理论的起点，即与村野相同的唯物论的起点上。

图56 三爱梦幻中心（设计：日建设计工务 1963）

5.三爱梦幻中心：场所、建筑物、表象

在我小的时候，三爱梦幻中心（图56）在我的心中是一个谜。我总是觉得奇怪：在银座四丁目这样闹市“中心”的一隅为什么会有小得如此可怜的茶馆——就像私营铁路沿线最不起眼的站前茶馆那样。窗边的饮茶空间也显得那么悲凉，竟有些像是偏僻的乡下才见得到的风景。地处闹市，这个茶馆显得如此不协调，如此简陋。这一切对我来说，委实是一个难解的谜。

按照孩子的思维方式，尽我的力所能及，我曾经想到过无数个答案。我曾想过，那是一个临时展览馆，总有一天会被撤走的。但是时间一天天过去，而那个玻璃塔却丝毫没有露出要撤走的意思；后来我又想，那个塔可能是一扇通向后面主建筑物的大门。为此，我进行了实地探察，结果这个答案也被否定了。梦幻中心是一个独立的建筑，跟哪儿都不连着，它就那样茕茕孑立。于是，我又大胆地做了一个假设：这个建筑物也许只是一个基座，因为在它的上方，高高地立着巨大的广告牌。我做这个假设的依据是广告牌不能做在地面上，所以它下面的空间就用来做茶馆或商店了。可是如果这个假设成立的话，我又觉得这个店的建筑似过于奢华。总之，不管怎么说，这是一个谜一样的建筑，它的不合常理性远远地超出了一个孩子能够理解的范围。

为什么在那样的位置会出现那样的东西，且有着那样的设计……实际上这个问题是由于场所、存在和表象的分裂而带来的一种不协调感。人们总认为出现在银座四丁目这样闹市中心一隅的建筑应该是符合这一场所氛围的、引人注目的东西，并且这个建筑还应该有一个与之相适的表象。实际上，在

图57 歌剧院（设计：夏尔·卡尔尼埃 1874）

欧洲的古典城市，如巴黎这样的都市，的确在场所、存在和表象三者之间存在着非常协调的对称关系，即线形性。在大街（林荫道）交叉点这种特殊的中心场所，有符合这种场所主要特征的大型建筑物，如卡尔尼埃(Charles Kaerni)设计的歌剧院（图57），无论从功能性还是从规模来说，它都是一个重要的建筑。歌剧院的建筑师（卡尔尼埃）利用当时流行的建筑表现方式，如列柱、巴洛克式大屋顶，赋予了这座建筑相宜的、极强的表象性。

但是，在银座四丁目的十字路口，绝对缺少这样的线形性。首先，在场所和建筑物之间明显存在着无法弥合的不协调。这是一种超现实主义的不协调，因为在日本最繁华的商业街——银座四丁目这样的闹市中心，一个路口的拐角上竟然有一个充满乡土气息的站前茶馆似的建筑。我们可以说它是象征日本都市贫困的一道廉价风景。然而，一个不争的事实是：在全世界的许多城市里都可以见到这样的场所与建筑物不协调的风景。而且纵观历史，这也说不上是一件多么新鲜的事物。在巴黎，看似场所与建筑互有关联，保持了完美的线形性，但这不过是拿破仑三世在19世纪中叶对城市进行改造的成果。根据应在城市主要位置上建设纪念碑式建筑物这样一个基本方针，他对城市实施了一次大规模改造。而这之前的巴黎则是一个处于中世纪与现代城市之间的、无序的混合体，是场所与建筑物不协调的景观聚集地。

说得露骨一点，在资本主义制度下，场所与建筑物之间相互统一的情形，可以说是一个例外。假如把例外当作城市的基本格局，是现代城市规划的一个误区。在由于这一误区出现的现代城市规划中，设定城市应该有静态的等级制度，并根据这种等级来决定土地的利用形态及建在这块土地上的建筑物形态。我们假设资本的本质在于利用“空子”来获取利润，那么对于城市建设，资本就会不断地破坏线形的等级制度，并通过钻空子的行为来达到追求利润的目的。如果在一个城市里，场所与建筑物之间的线形性完全得到保障，那么你可以猜想它不是拿破仑三世强权下的产物就是以线形性为基本理念的计划经济下的产物。

银座四丁目的真正的悲哀并非体现在场所、建筑物和表象之间的非线形性方面，而是体现在为了填补这种非线形性的裂缝，建筑师们在建筑这一狭窄的领域内拼死奋战的情形。那么建筑师为什么一定要去填补这种裂缝呢？这是因为，按照古典主义思想或拿破仑三世的幻想，理想的城市风景应当是没有裂缝的。然而，为什么我们不能去欣赏这种裂缝？难道我们就想不出更好的办法把这种裂缝转化为都市魅力吗？

在银座四丁目的事情上，如果用善意的说法，那就是建筑师过于诚实。我们知道在那个特殊的场所，创造出符合该场所的突出表象是设计者的最大追求，这一点显然没有错。但是建于此地的小店铺和这个特殊的场所之间显得过分的不协调，建筑师为了弥补这种不协调，努力要突出表象来达到理想的效果。这种不协调进一步促使建筑师转而追求更强烈的表象效果。建筑师为了达到这个目的而倾注在这块狭窄土地的微型建筑物中的心血实在令人感动。让我们仔细观察一下这个建筑。首先，支撑起这个建筑物的部分只在装有电梯和楼梯的中心位置，这在技术上存在一定的风险；圆桶形的玻璃表面，则是利用悬臂构造由中心向外扩张的，由于采用了这样的结构体系，所以外周部分没有使用一根柱子，因此玻璃表面始终呈现出均匀、光洁的曲线，圆桶形的形状获得了漂亮的、简约的艺术效果。

可以说这种设计很好地解答了如何在有限的土地上获得强烈的表现效果的问题。遗憾的是这种最简单的圆桶形所表现出来的美由于塔顶上安装了巨大的广告电光板而在一瞬间消失得无影无踪。如果把它与绝对表象性相比，那么玻璃细腻的清晰度也好，结构的惊险度也好，看上去不过是出自知识分子手中的一种幼稚的游戏，而这个游戏的场所又被限定在如此狭窄的空间，结果在人们的眼里它甚至连游戏都算不上。于是，人们在这个漂亮、简约的艺术品前面来来往往却对它视而不见，使得这个建筑看上去显得如此凄凉。由于我们了解建筑师在它身上所作的种种努力，因此它在我们的眼里显得愈发悲哀。

要想让它不再显得悲哀，也许我们最好不要考虑场所、建筑物和表象这三者之间的平衡，或者说最好无视表象。所谓表象实际上是人们如何看待建筑物的问题，当然也可以说它是消费者理论或需求方的逻辑。梦幻中心的设计者在建筑的表象性上已经充分体现了他们尽心尽责的一面。当然作为一家考虑消费者立场的、对消费者理论很敏感的大型设计事务所来说，这是一种必然的姿态。因为他们很清楚，只有讨好消费者，才会源源不断地拿到订单。然而，这一精心制作的、具有象征意义的建筑形象却由于粗制滥造的广告塔而在瞬间轰然倒塌。这样的败笔实在令人悲哀。如果他们一开始就不去理会所谓的表象，不去理会消费者心理，这种情形大概不会让我们感到如此悲哀。如果当初是由一个个体的建筑师来设计建设这个建筑物的话，也许他能改变这种状况，因为他可以无视消费者理论，可以自始至终地贯彻其独善其身的生产者理论（供应方逻辑），这样一来，或者反而会产生一种奇妙的龟裂现象，当然场所、建筑物和表象也许由于难以解释的非线形性而意外地产生一种紧张感。

梦幻中心的悲哀归根结底是因为它始终是一个不上不下的东西。因为建筑师虽然看着消费者的面孔，时时留意着表象来设计建筑，但是他们却没有勇气脱离建筑这一老掉牙的框架；没有勇气把夸张的、发光的牌子摘下来；没有勇气跨越形态、映象和图像的边界；也没有勇气与表象问题进行较量。当然，让建筑师失去勇气的也许是社会对他们的限制。这是一种极其无聊的限制，它认为建筑师只管建筑就行了，余下的像广告牌、标牌等等事情可以由社会自己来处理。

建筑师也有自行做出决定的时候。那是希望依附于维特鲁威[57]以后的陈腐特权的自我限制。如果说依附于这种特权的是那些学院派建筑师的话，我们尚可理解，但是事实上，正是那些属于大型机构的商业设计师，陷在古典的框架中难以自拔。他们害怕被说成是只看消费者脸色来设计商业建筑物，于是，不得不停留在建筑这一时代错误的框架中，他们随着惯性思维重复建造那种不上不下的无聊东西，玷污建筑物这一本应自由的存在。因为建筑物不是一成不变的，它所经历的是自我否定的历史，是不断更新、不断发展的历史。

---

[57] 维特鲁威（Marcus Vitruvius），公元前1世纪的古罗马建筑师。世界上第一部建筑书籍的作者，对后世，尤其对文艺复兴时期影响深远。

图58 文丘里描绘的鸭形建筑和装饰性建筑的草图

早在20世纪60年代，罗伯特·文丘里已经提出了这个问题。他把建筑分成鸭形建筑和装饰性建筑两种类型（图58）。鸭形建筑是呈鸭子状的奇异建筑，它试图在已有的建筑框架中勉强解决表象问题。而装饰性建筑则是那种附有巨大广告牌的建筑，在当时保守的建筑观看来，建筑师不该设计非正规的建筑物。但是罗伯特·文丘里指出，越是这种“出格”的东西才越具建筑特点，是真正值得的建筑师挑战的课题。

在这一批判的背后是场所、建筑物和表象之间由于存在根本性的割裂，而无法统一这样一种基本认识。如果说建筑物是生产方的逻辑，表象是消费者方的逻辑的话，那么这种割裂也可以说是生产和消费之间的割裂，是马克思提出的“商品的跳跃”，同时也是主宰建筑物这一商品的冷静认识。60年代，生产与消费、供应方与需求方之间形形色色的裂痕渐露端倪，功能主义的学说已经无法应对非线形性，文丘里提出了关于鸭形建筑和装饰性建筑的论说。

然而，在到处都已经充满了非线形性的今天，文丘里看起来竟像是一位田园牧歌的守望者。60年代，带广告牌的建筑也许真的很新颖，但是以今天的眼光来看，由于选择了广告牌和建筑物分离的装饰性建筑而不是鸭形建筑这种奇妙的复合体，使得建筑主体保守的存在方式似乎有了保障。只因为建筑与广告牌结合在一起就把它叫成是崭新建筑的时代已成遥远的过去。把建筑世界的内部（主体）和外部（广告牌）进行区分，再辩证地把它们统一起来——文丘里的这种做法也已经被证明是一个时代的错误。

对内部和外部进行区分已经没有任何意义，在这个意义上来说，建筑的内部，也是它的外部。一切都早得到了认可。而现在，在彻底的自由中，究竟可能出现什么样的东西呢？看着梦幻中心的悲凉景象，我不由地陷入了沉思。

6.威尼斯双年展1995：给我一个家，让我看电视

对于我来说，1995年是特殊的一年。一场大辩论使得这一年深深地印在我的心里。这是一场围绕威尼斯双年美术展而展开的关于“普遍性”与“特殊性”问题的辩论。

威尼斯双年展是美术界最大的国际盛事，其中1995年恰逢双年展的第100周年庆典。日本的展出从一开始便引起了人们的关注。就像是为了不负人们的期待似的，在选定日本馆最高负责人的时候，日本第一次引进了比赛制度。这次比赛的评审委员长是高阶秀尔，结果美术评论家伊东顺二所主持策划的“茶道·多乡音感” 因完全符合这次双年展的主题而胜出。此次双年展上所提出的主题是“身份与转换”(Identity and Alterity)，其策划人是巴黎毕加索美术馆馆长让·克莱尔 (Jean Clair)，这是第一次由意大利以外国家的人担任此职，这一做法也让大家感受到双年展的组织者对恰逢100周年之际的这次活动表现出的空前的热情。伊东推荐了河口洋一郎、崔在银、千住博和日比野克彦四位艺术家和我参加此次双年展，而我的出展作品是空间结构。

比赛过程中出现了各种争鸣，最为热门的批判性话题则是由国立现代美术馆的本江邦夫提出的，并由此引发了对于“普遍性”问题的

图59 威尼斯双年展日本馆（设计：吉阪隆正 1955）

辩论。[58] 本江在报纸上刊登文章，批判伊东的“茶道”只是无谓地强调日本性，而完全欠缺对美术中不可或缺的普遍性的思考[59]。同时，关于日本画家千住博受到推荐一事，“普遍派”也展开了严厉的批判。他们指出，虽然横山大观曾经在双年展上展出过（1952年日本第一次参加的双年展上），但是现在还把这种“缺乏普遍性”的日本画送到双年展这样的国际性会展中去是严重的时代错误。对此，高阶秀尔为伊东做了辩护[60]。高阶引用了冈仓天心的话，他说：“如果你英语很流利，那么就穿着和服出洋去吧。”他试图通过“和服”把伊东的案例与普遍性联系起来。设计家李禹焕也加入了这次辩论[61]。李禹焕指出，迄今一直被认为是普遍性的东西实际上都是西欧的东西，而批判这一点难道不正是今天的美术所最需要的吗？

就这样，辩论呈现出了相当热闹的场面，但是这场辩论的内容绝对说不上是新的。简单地说，属于“普遍派”的本江派认为茶室的概念不过是东方式的一种表现，它是被西方观点歪曲、虚构出来的一种表现，与殖民主义的概念极其相似，因此他们要加以批判。[62] 另一方面，“茶道派”要在“茶道”

---

[58] 哲学界说到普遍争论的时候，通常是指中世纪有关神学的争论。有人认为神是有实体的，也有人认为神只存在于人们的想象中。前者被称为唯物论，后者被称为唯名论。这次在日本展开的争论可以认为是这种争论的延续。

[59] 本江邦夫：“走近圣保罗双年展参展作家选拔活动／‘日式东西’的界限”，载于《产经新闻》，1994年8月21日。

[60] 高阶秀尔：“关于日本参加国际双年展／欧美的‘普遍性’与日本文化的‘根’”，载于《产经新闻》，1994年9月4日。

[61] 李禹焕：“为了崭新表现的场／超越现代主义和日本式的东西”，载于《每日新闻》，1994年11月14日。

[62] 出生于以色列的巴勒斯坦人爱德华·赛义德（Edward W Said）所著《东方学》（1978年），是东方文化概念的开始。

图 60 威尼斯双年展日本馆模型

的概念中找出超越东方式的表现，找出他们不是在迎合西欧而是在对西欧进行批判的证据。也就是说，他们要在茶道的概念中找出后殖民主义的可能性，并拥护它。

这一对立的状况不仅出在于艺术界，在建筑界和其他文化领域，我们都无数次地遇见过这样的情况。例如，有关“传统形式”的争论。回顾一下，同样是在威尼斯这一个地方，1955 年曾经有一位非常苦恼的建筑师，他的名字叫吉阪隆正，是今日威尼斯双年展日本馆（1956 年竣工）（图 59）的设计师。1952 年，吉阪结束了在勒·柯布西耶工作室的工作回到日本，开始在国际流行的风格派和区域主义的夹缝里不断地创作出风格独特的作品，成为“象”设计集团之后“区域主义派”的主要代表人物。

当年，双年展的组织者向吉阪提出了“日本式建筑设计”的要求，但是他断然拒绝采用“表象的日本式设计”（吉阪的话），也就是房顶上铺瓦片的那种式样。在他的坚持下，最后，双年展的组织者不得不妥协，并通过了他的设计方案，即用柯布西耶式的混凝土板搭建建筑（图60）。这一方案从茶室庭园得到启示，颇具独创性。应该说与原方案相比，这个方案更加能够体现出他的个人风格。吉阪解释说，如果自己是因为思想问题而受到批判的话尚可以接受，但是如果只能按照指定的某种语言让他来阐述思想的话，那么不会说的话始终是说不出口的。对他而言，双年展的组织者向他提出的“日本式设计”这一要求，就是他不会说的语言。

这个说法不仅显示了吉阪的个性，也充分体现出日本特定时代的精神特征，那就是战后民主主义精神。战后民主主义决不会向人们要求“普遍性”的表现。战后民主主义认为不同的姓氏和出身，他们的表现形式应该是自由的，在表现形式上追求普遍性或特殊性毫无意义；战后民主主义认为比表现形式(吉阪称之为“表象”)更为重要的表象背后的思想，只有那部分才至关重要。

这种想法之所以占据主导地位，是因为这个时代的日本实质上还处于闭关锁国的状态。在冷战状态下，所有对外关系都由美国代为履行，日本被取消了一切与“他人”的接触权、交涉权。在这种闭关锁国的状态下，出现“不会说的话始终说不来”也就不足为怪了。当然，像吉阪那样，在威尼斯双年展上被强行要求与“他人”直接接触，并被迫在“普遍性”和“特殊性”之间做出选择的情况也是极端例外的个案。吉阪非常苦恼，他无法回答选择“普遍性”还是“特殊性”，他只能做出极其幼稚的回答，说自己只会说自己知道的话。他无法客观地分析自己“会说的话”究竟是什么，也无法在某个坐标中为它找到合适的位置。这不是他的局限性而是时代的局限性。因为这是一个只需要思索隐含在话“后面”的“思想”的时代，没有必要去注意话本身就是思想。

随着冷战的结束，“普遍性”与“特殊性”的问题开始作为所有领域的共同课题摆在人们面前。这场辩论的出现是一种非常积极的现象。在欧洲，在不断与其他民族接触的过程中，“他人”一直是被广泛讨论的问题，关于普遍性和特殊性的争论也一直占据着欧洲哲学的核心位置。所以当人们不得不面对“他人”，不得不与“他人”接触时，思考并讨论“普遍性”与“特殊性”的问题是一个极其自然的反应。

90年代以后，在日本，所有的争论也都采用了“普遍性”与“特殊性”两分法的模式。在政治方面，“普遍派”从“普通一国”的主张出发无数次地提出日本应该成为拥有自己军备力量的国家。在经济方面，“普遍派”提出撤销非关税壁垒，放宽政策，同时还不加任何批判地附和美国化的全球化观念。从另一个角度来看，日本的“特殊派”又紧紧地抱住既得利益不放，他们是丧失了正确思考能力的守旧派。在双年展上出现的“批判日本画”的现象就是“普遍派”与“特殊派”之间的大辩论。尽管双方支持者都有意回避这是 “普遍派”与“特殊派”之争，但是大众传播媒体为了向公众解释清楚只能利用这样的说法。

但是“普遍”这个东西真的存在吗？所谓的“普遍”真的是名副其实的普遍的东西吗？还有所谓的“特殊”真的是以某种特定形式存在于某个特定区域吗？令人遗憾的是，在“普遍派”和“特殊派”的一系列言论中，没有人回答或关心过这个问题，也没有人怀疑过“普遍”的普遍性和“特殊”的特殊性。在普遍和特殊成为问题的时候，他们只是热中于得出结论，两者之间的对立因此带上了浓厚的漫画效果。

对此，莲实重彦认为关于普遍性还是特殊性这种二选一的辩论没有任何意义。[63] 但是莲实所得出的结论却颇有文学色彩。

在这个意义上，可以断言文学只存在两种类型的作品。一种是把自己特殊的体验转换成通用的语言后再面向广大民众的一般作品；另一种是把难以

[63] 载于《朝日新闻》“文艺时评”栏目，1993年10月号。

用语言描述的独特体验勉强转换成语言，以此来打开世界的普遍性的作品。

这样来定义“普遍”，使得“普遍性”再次被巧妙地隐藏到辩论和批判均无法波及的安全区域。另一方面，关于“普遍性”和“特殊性”的争论最激烈也最具体的领域之一是建筑领域。在这个领域里，“普遍性”没有披上神秘的外衣，辩论的气氛很浓。这是因为当表现形式与其背后的思想内涵相比较时可以被忽视这一借口在这个领域里是行不通的。在建筑领域里，如果把表现形式和其背后的思想割裂开来进行思考的话，那简直就是幼稚的妄想。这并不是说在古典主义、哥特式建筑、巴洛克建筑、国际风格派和日式建筑等表现形式的背后各有各的思想理论，而是表现形式本身就是思想，对表现形式的选择本身就是对“普遍性”还是“特殊性”这个问题所作的回答。而在艺术和文学领域，依然还有空间允许“表现形式的背后有思想”这种幻想存在。

建筑不是只出现在翻开书页的人们面前的那种封闭、可选择性的东西，而是平等地出现在所有人面前的公共的、带有强迫性的东西。在这一公共存在物中，表现形式的普遍性自然成了一个重要课题。假如有一座不会用普遍性的语言向你致意的建筑物矗立在广场上，那么当你走过它面前时，你听不到它的说话声，也许你的心情会因此而变得不快。

于是，在建筑上，表现形式的“普遍性”不可避免地遇到具体而现实的争论。例如，源于古希腊、罗马的古典主义建筑和源于中世纪欧洲的哥特式建筑之间，究竟哪一个属于更为普遍的式样呢？关于这个问题，在19世纪的英国曾经引发过激烈争论。还有在20世纪初期，一直被认为是最具普遍风格的古典主义建筑，其普遍性也受到了批判。略为欠缺普遍性的、中立的国际风格派被大力提倡。20世纪后期，由于隐藏在其普遍性中的欺骗性和强制性，国际风格派也受到了批判。后人称这一运动为后现代主义。所谓“普遍”就是这样必须受到具体和现实争论的一种现象，同时也是需要不断接受批判、不断推陈出新的东西。

现在，让我们再回到威尼斯双年展上吧。这次双年展所揭示出来的问题不在西欧也不在日本，而在于从西欧传统文化延续而来的现代制度。在西欧，所有被现代制度摈弃的事物，都存在与东方主义相同的问题。西欧内部也以各种形式存在着非现代的事物，其中包括东方主义的问题。举例来讲，女权主义运动提出了女性在现代制度下是如何受到排挤的问题；还有在现代制度下，男女同性恋行为受到歧视的问题。这一切都在东方主义所提出的问题范畴内，东方主义的问题就隐藏在对现代（西欧）制度所进行的一系列批判中。那么，这种批判现代制度的行为是否能够真正威胁到现代制度呢？又或者说，批判现代制度的行为只不过是借用的幌子，其实质上却是为了迎合现代东方主义呢？围绕这一微妙的现象，争论此起彼伏，焦点皆集中于此。

这是围绕此次“茶室”而展开的广泛争论。显然，对于双方阵营来说，如果没有具体的作品和空间摆在眼前，像这样继续争论下去是毫无意义的。这是显而易见的事实。当争论达到白热化的时候，我渐渐地意识到普遍争论的形式是不是快该过时了呢。我真切地感受到：应该采用固有的还是普遍的表现这个问题正在不断地失去它的效力。通过在威尼斯双年展上与所展出的众多作品的接触，这种感觉变得越来越明确。

在日本，有关普遍性的争论并不是仅仅在1995年发生。应该说，这场争论是20世纪后期艺术界最大的难题，而它碰巧发生在1995年这一年。为此，这场辩论还让新闻媒体着实热闹了一番。如果从更广阔的时空来看，在从抽象表现主义向简约主义艺术发展的过程中，艺术界的普遍性表现（现代主义）迎来了其发展的高峰（或者说是极限），而同时非现代的问题也以各种面貌出现在20世纪后期的艺术中。可以这样认为，由于非现代的出现，使得艺术制度得以继续维持下去。

非现代可以粗略地分为两种情况。一种情况是把先进国家内部的非现代（受现代制度排挤的东西）作为研究的问题，如流行艺术、废品翻新艺术，女权主义、同性恋、残障者、艾滋病等。具有较强社会性的艺术群体会往往关注这些问题，因此属于这种情况。

接受发展中国家文化的艺术群体属于另一种情况。发展中国家的文化可以说是非现代的最大宝库。这一情况又称为文化多元主义，它近年在艺术界发起了一次大的运动。1989年，巴黎蓬皮杜中心曾经举办一次“大地魔术师展”。在这次展览会上，关于白人中心主义，即殖民主义是否已经不复存在，展开正反两种观点的争论。此后，文化多元主义成为现代艺术核心之一。PC（Political Correctness，意为政治正确性）[64]也不过是以非现代为研究对象的一种表现形式而已。先进国家型的PC以争取女权主义或以争取同性恋权益等为课题，而文化

[64] 政治正确性这一概念无疑是从殖民主义引申而来的一个概念。但是，两者之间有着微妙的差异。在殖民主义时期，较之现代，非现代的优势非常明显；但在政治正确性时期，较之现代，非现代的优势则不断削弱。对于来自非现代的影响，政治正确性通过其言论和各种表现总是流露出过度的防御。

多元主义则是发展中国家的PC。在这些PC与“普遍派”之间展开争论的不是别的，正是普遍争论。普遍派有时候会打着东方主义的名义来批判非现代派，有时候又会打着殖民主义的名义来批判非现代派。也就是说，他们批判所谓的非现代派实际上都是些迎合现代（西欧）的人。另一方面，非现代派则批判“普遍派”是对现代不做任何反思的西欧中心主义者。

在这次双年展上给人留下印象最深的是这种对立状况看上去似乎已经有所消退。威尼斯双年展与圣保罗双年展、文献展等其他国际展览不同的是它引进了多种授奖制度。然而，当我们看到这次双年展的获奖者及获奖国家的名单时，首先注意到的是“普遍派”受到了冷落。居住在伦敦的罗纳德·奇塔基（Ronald Kitaj）获得了绘画大奖。一直以来人们认为他是属于普遍派（现代）的艺术家，但是在这次双年展上关于他获奖的理由却令人回味——“重新发现了现代绘画中还存在着欧洲绘画的传统”。所以就表面来看，评委似乎是把大奖授予了普遍派，而实质上却巧妙地批判了普遍主义。

那么，我们是否可以说非现代，即PC，就一定处于优势？那也未必。在这次双年展上，前面提到过的先进国家的PC，就其规模来说明显不如上届、上上届双年展，所表现出来的热情也明显不如上届、上上届。在上一届双年展上，先进国家的PC展出了生殖器官、尸体、废弃物等，成了人们话题的焦点。与此相比，此次双年展却显得异常宁静而整洁[65]。在各类作品中，设置在法国馆会场中

---

[65] 取消往年双年展上以青年作家作品为主的“新人展”，是此次双年展显得不再喧闹的原因之一。但是取消这一展览本身已经反映出了人们对于先进国家型PC的厌烦。

图61　布谷大厦（设计：彼得·艾森曼　1992），是解构主义的代表性建筑。

心的、由凯撒用重达520吨的汽车废料设计而成的一个完整的立体作品，以其绝对大的体积和几何学的纯粹性吸引了人们的眼球。在这次参展的设计家中，凯撒（Caesar）也是屈指可数的几位知名人物之一，当时人们议论纷纷，认为他在这次双年展上获奖是没有任何悬念的，然而当结果公布，谜底揭晓时，人们发现他无缘任何一个奖项。可见他在60年代利用废料创作作品时的影响力已经一去不返，无论他把作品做得多么巨大也无济于事。

这不单单是凯撒一个人的问题。从工业废弃物到艾滋病，人们已经开始厌倦了先进国家型PC。这是因为先进国家的现状本身已经超越了先进国家型PC的表现。发生在这一年里的阪神淡路大地震及地铁沙林事件就是典型表现。假如拿凯撒使用的废弃物与大地震后的废墟相比，前者看上去只能算是骗骗孩子的玩意儿。

先进国家型PC曾经指出过问题的存在，它还提醒人们要注意问题的严重性和惨重性。 而实际上，所有人显然都清楚问题确实存在。至于问题的严重性和惨重性，现实的情形已经远远超出艺术的表现。阪神淡路大地震后的景象好像彻底摧毁了以破坏和无序为课题的解构主义建筑（图61），1995年的现实让先进国家型PC束手无策。

在这次双年展上，发展中国家型PC同样也没有显示出丝毫的活力[66]。

[66] 此次威尼斯双年展上同时举办的活动之一是"跨国度文化展"，它提供了与以往的多元文化不同的新的视点。这次展览会以由移居而熟悉数种文化的艺术家为核心，显示了新形式的多元文化的可能性，当然这种文化的多元性是以淡化普遍性为前提的。

尽管这次双年展的最高奖项授予了埃及馆，而且个人获奖者中的绝大多数也属于文化多元主义范畴的设计家，如日本的千住博、韩国的Jheon Soo-cheon、乌拉圭的Ignacio Iturria等，但是就内容而言，并不见得这一届文化多元主义的实力比上一届要强。毕竟发展中国家型PC中也存在着与先进国家型PC相同的情形，这无疑削弱了它的力量。

在现代明显比非现代更占优势的时代里，任何提出或表现受现代排挤的事物存在的行为是具有批判性的。毕竟，无论是先进国家型PC，还是发展中国家型PC，它们都有一个共同特点，那就是把现代的优势作为大前提。用一个具体事例来说明的话，那就是生活在安逸而富裕的先进国家里的人们有能力购买多元文化主义的艺术，并把它们装饰在自己温暖而舒适的房间里。那么以和平和稳定为大前提的这种艺术究竟是已经与东方主义同流（即迎合现代）了呢，还是对现代的批判？围绕着这样的问题，辩论（关于普遍性的辩论）热烈地展开了。

然而现在，温暖而舒适的房间已经不见了踪影。在1995年后发生了一系列事件，这一事实已经摆在了我们眼前。[67]“现代”这个东西已经摇摇欲坠，开始崩溃，它已经失去了排挤他人的力量且自顾不暇。先进国家型PC用来作为表现课题的“内部的他人”从内部动摇了现代，而多元文化主义用来作为表现课题的“外部的他人”和构成现代的各个体系之间已经充分地融会在一

[67] 可以说，“九一一”是一次决定性的事件。

起，形成了保护链，在这里已经无法区分谁是“他人”。而穿过保护链的缝隙，你却会突然惊奇地发现他人就在你的面前。

在这样的现实当中，如果人们对艺术还有所追求的话，大概也只剩下空间和影像了吧。基于这样的一种直觉，日本在这次威尼斯双年展的日本馆里展示了空间的构成。这时，运用比拟的手法揭示问题的存在，并说明其严重性的方法已经失去了时效性，因为问题的严重性和惨重性已经一目了然。所有人最急切地希望知道的是如何具体并切实地解决眼前的问题。人们经常可以听到阪神淡路大地震受害者的感受，他们所希望是“给我一个家，让我看电视”。当一个人失去了温暖而舒适的家之后，相信没有人还会奢望把PC艺术品挂到墙壁上去。人们首先期待的是重新构建一个空间（给我一个家），其次是希望通过影像，以具体的视觉形式及时了解信息（让我看电视）。

1995年的双年展上，进入我眼里的不是空间（建筑的）作品就是影像作品。也就是说都是符合“给我一个家，让我看电视”这一呼声的艺术。

在雕刻部分的大奖中，由加里·希尔（Gary Hill）创作的影像作品作为影像艺术首次获选双年展大奖。获得雕刻大奖的作品是一盘录像。希尔用金属材料设置成的迷宫充满了整个屏幕，从而使空间和影像（房子和电视）这两个主题有机地结合起来。

艺术被无情地改变了。1995年的威尼斯双年展悄悄地，但是真切地诉说了这一改变。当然这种改变并非只是在艺术界内部进行。应该说，处于艺术外围的世界像建筑、影像世界也在同时发生着改变。我们已经摒弃了艺术和建筑的分工，开始走在找不到温暖和舒适房间的世界里。

7. 威尼斯双年展2000年：少女与行者

2000年6月的威尼斯倦怠而忧郁。我特意前往酷暑时节的威尼斯访问是因为我接到了邀请，两年一度的威尼斯双年展拉开了其建筑展的序幕。说到双年展，它应该是热闹而祥和的。然而，漫步在展览会的会场，观看着一个又一个展出的项目，我深深感受到的却是建筑这一类型所面临的危机。社会是否还需要建筑？如果答案是肯定的，那么社会需要的又是什么形式的建筑？

意大利建筑师马西米里亚诺·福克萨斯（Massimiliano Fuksas）是2000年双年展的总监。他确定此次双年展的主题是“从美学到伦理”。福克萨斯本人说不上是社会派人士，但是这个主题却反映了建筑界的自我反省意识，流露出浓烈的关心社会的气息。福克萨斯提出这样的忠告：“建筑师必须心系社会，如果建筑只是沉溺于形式的把戏（他称之为美学），这样的建筑设计宁可不要！如果公共建筑是对税金的浪费，那么它终究将被社会所摒弃。”

当然，福克萨斯的这一忠告并不是新的说辞。近几年来，威尼斯双年展的展会气氛显得越来越冷清，相反，对于社会性的意识却有加强的迹象。象征着“社会性”热潮的事件大概是在1996年的双年展建筑展中日本馆获得金狮子奖这一事件吧。在总负责人矶崎新的率领下，日本馆展出了阪神淡路大地震后废墟瓦砾的实物，并因此成功赢得了最高奖项（金狮子奖）。我们可以设想一下，假设你也是以社会问题为主题，同样提出了非常震撼人的主题，但是当造成数千人死亡的大震灾现场留下来的废墟瓦砾堆成的小山展示在那里的时候，试想你还会有胜算吗？矶崎既没有提出什么方案，也没有绘画作品，

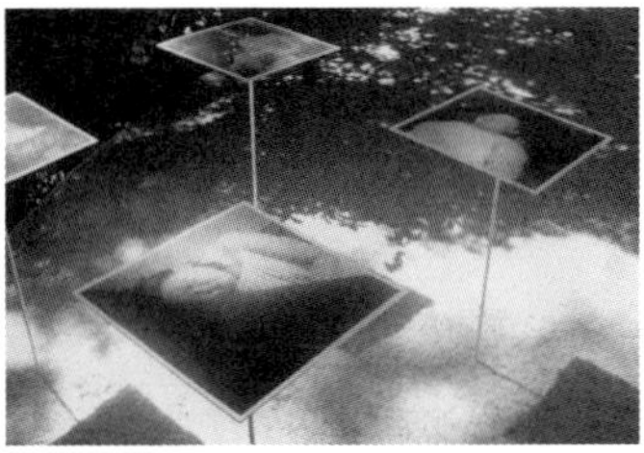

图62 放有赫楞·凡·梅尼拍摄的少女照片的桌子。

他只是把现场的废墟瓦砾运到双年展上，并把它们堆积起来而已。也就是说，他使用了所谓的非常之举。

在2000年这一年，当人们参观过那些废墟瓦砾之后，还能以什么样的形式来揭示社会性呢？这大概是应邀前来参展的所有建筑师都感到挠头的一个问题吧。福克萨斯本人使用280米长的大屏幕，展示了他的影像作品，主题是存在于世上的形形色色的都市问题。虽然他投入的精力很大，却反应平平。“我们当然清楚问题是存在的，但是我们应该怎么做才好呢？”大家越看这个影像作品，越觉得扫兴。

此外，有不少国家的建筑师在这次双年展上同样以社会问题为主题，展示了供低收入人群使用的住房以及与环境问题密切相关的住宅等项目。但是这些项目得到的评价都不高，其结果就好像那些大型综合建筑公司为了项目开发把社会问题作为卖点而制作的宣传册子一样。

只有法国敏锐地捕捉到了这其中的商业意味，它所展示的只是写在白色墙壁上的社会学者们的留言。这的确不是大型综合建筑公司的风格，但也因此遭到了质疑——这种只有文字的展示如何体现出这是一次建筑展呢？

与参展的不够清晰明确的众多主题相比较，我们再来看看日本的两个展示，它们因各自的与众不同而颇为引人注目。一个是以“少女都市”为主题的日本馆。在小池一子的策划下，建筑师妹岛和世、西泽立卫、艺术家草间弥生、时装设计师津村耕佑、摄影师赫楞·凡·梅尼（Hellen Van Meene）（图62）等人把日本馆布置得无处不洋溢着少女可爱的感性。这一展示形式简洁，所传达出来的信息简单明了。“社会意识究竟是什么东西？太难了，搞不明白”，对此苦思冥想、难得其解的人们，在看了这一展示后会感到像是遭受了无情的嘲笑。

另一个与众不同的展示是以个人名义参展的矶崎新所设计的令人难以置信的表演。他邀请了几位印度著名的瑜伽大师，让他们在双年展上进行不可思议的表演。矶崎安排瑜伽大师们以印度计划中的建筑模型为中心，像兔子跳跃似的在空中腾跃，并不断在会场内四处游动。对此，人们的反应只能是目瞪口呆了。弄不懂“有社会性的建筑”为何物而苦苦思索的人们，在看了这种别出心裁的表演后只能无言以对。

所谓“有社会性的建筑”会不会是一种自相矛盾的主题呢？以上两个展示以沉默的方式猛烈地抨击了这个主题本身。少女和瑜伽大师们的表演充分传递了虚无主义信息：建筑业在本质上不就是对环境的破坏，对资源的浪费，是社会性的对立面吗？这一信息恐怕获得了广泛的认同。毕竟利用“有社会性的建筑”这一充满矛盾的表白来努力延长建筑业的寿命，这样的尝试让人感觉像是在说言不由衷的话，使人感到这是一种符合大型综合建筑公司风格的商业行为。而少女和瑜伽大师们各自的表演恰恰是对这一状况的嘲弄。

少女也好，瑜伽大师也好，他们都是与社会保持一定距离的人。在日本，为了与社会保持距离，不被卷入是非琐事之中，自古到今相继推出了许多应对方法。而推出少女和瑜伽大师的做法则是这些方法的现代版。

我是以个人名义参加双年展的，只展出了一个用实木制作的、小小的木结构建筑模型。我没有把废墟瓦砾排列起来，也没有借助少女或瑜伽大师们的身影把问题遮盖过去，我只是想借此机会来尝试一下回答具体问题的可能性。

III 品牌、虚拟、圈地运动

1. 正统、品牌、个性

东京的建筑师正陷于窘境之中。“建筑这么热，建筑师怎么会陷入窘境……”一定会有人感到奇怪，并提出这样的疑问。的确，从表面来看，现在的建筑业显得异常红火，各类大众杂志还从来没有如此关注过建筑行业，不论是通俗杂志还是时尚杂志，只要你翻开杂志，你的眼睛就躲不开“建筑”、“住宅”、“建筑师”等字眼，建筑类的特辑比比皆是。尽管如此，我对建筑师的基本认识依然没有改变。建筑师正陷入于窘境之中，而且今后还会愈发严重。其原因并非经济形势会进一步恶化这么简单。总之，尽管建筑热依然如故，建筑师的窘境却无法避免。事实上，造成这一窘境的真正原因就在于建筑热。这听起来似乎有点矛盾，而解决这种矛盾的方法不仅可以预测建筑师的未来，同时也可以预测日本城市的未来。这是因为建筑师的窘境与城市由谁来建设这一根本性的问题密切相关。那么究竟会由谁来建设？怎么建？

图63住吉大杂院（设计：安藤忠雄 1976）

建筑师的这一窘境不是现在才出现，也不是因为20世纪90年代初泡沫经济的崩溃而出现的。认清这点很重要。80年代通称为泡沫经济时代。这一时期，建筑业很红火。与今天一样，大众杂志上有关建筑、建筑业的报道层出不穷。但是从某种意义上来说，这种状况与今天的建筑热又有所不同，那是一种健康的热潮。这里所说的“健康”是指，一座又一座设计新颖的建筑物是在强有力的经济实力支持下拔地而起的。媒体对于这类信息自然不会轻易放过，于是普通的大众杂志上登满与建筑有关的字样也就不足为怪了，也就是说，媒体对建筑进行追踪报道的前提应该建立在一个充满活力的经济基础之上。

然而，就在这个充满活力的辉煌时代里，建筑师已经开始面临他们的窘境了。只是在表面热闹的泡沫掩饰下，我们看不到建筑师的这种窘境，看不到他们的挫折，因为这些窘境和挫折尚隐藏在时代潮流的纵深处。有这样一座象征建筑师窘境的建筑。这是一座象征建筑时代巨变的建筑，却又是一座过于安静、外观又过于朴素的普通建筑。它就是1976年由安藤忠雄设计的、位于大阪老城区的一座称为“住吉大杂院”（图63）的住宅。

为什么说这座建筑物象征了建筑师的窘境与挫折呢？用一句话来概括就是这座建筑物象征了从正统时代向个性时代的转变。我们并非因为这座建筑只是纯粹的私人住宅，而说它象征个性时代的到来。我们知道，在这之前的建筑师们也设计过无数私人住宅，而且对于年轻的建筑师来说私人住宅甚至可以说是他们唯一重要的活动舞台。然而，作为建筑系的学生，我当时已经看出这座“住吉大杂院”与之前的任何一座私人住宅都不一样，是完全不同类型的一种建筑。这又是为什么呢？

首先是这个建筑物的设计者安藤忠雄从来没有接受过正规的建筑设计教育，却经历过拳击运动员的生涯，他之所以能够设计建筑，完全是通过自学的。虽然我们很清楚设计者是谁与作品的质量没有直接关系，但是不同的建筑师设计出来的作品带给社会的影响却很不一样。这个设计作品从一开始就因为“是一个叫安藤的、原拳击运动员设计的”而名声大噪。后来，安藤本人解释说，这个建筑物是作为一个反都市、反社会的非正规建筑而建造的。这些故事无疑使这个作品的个性色彩倍加浓厚。

简单地说，之前的明星建筑师是属于官方的精英。这些接受过著名大学正规建筑教育的精英们受官方主体（国家、县、市等各级行政机关）的委托，在城市最醒目的公共场所设计建造具有公共性质的建筑物（公共建筑）。这是建筑中的王道。在以往的欧洲，也有这样的王道，即在国家认定的正规教育机构学习过建筑的精英建筑师们受国家权力的委托，建造象征国家的建筑。由于会有很多人使用建筑物，也会有很多人看到它，因此在这个意义上，它始终带有公众的性质。正因为这样，对于建筑业，就有了这样的议论，即允许设计公共建筑是因为存在一种受官方体系保障的特权。可以说，在安藤之前主宰日本建筑业的是王道在20世纪的翻版。只是由王变成了官，但其本质并没有改变。

安藤对这种官方体系发出了不同的声音。安藤作为个人可以看做是与官方相对立的存在。他的住宅设计作为个体行为也是与官方行为相对立的。他的设计否定所有的表象，不加隐讳地表现出纯粹的个性风格。他所设计的住

图64 SH–1（设计：广濑镰二 1953）

宅，对着道路的一面没有窗户，只在混凝土的墙壁上开了一个出入口，让人看不出建筑物的表情。他就是这样把个性设计淋漓尽致地展现在公众面前。

当然，在安藤之前也曾有人想把建筑由正统设计转向个性设计。20世纪50年代出现的一群现代主义建筑师们就是这一转型运动的先驱。在进入民主主义新社会的新鲜空气中，他们与70年代的安藤一样，把目光转向了私人住宅。他们设计的钢筋结构小住宅轻盈而明快，同时又充满了透明感，可谓象征战后时代的标志性建筑（图64）。然而，令人费解的是，他们的运动到了60年代便很快地销声匿迹了。

利用新技术使建筑重归个性化的方向，这是现代主义建筑师们的基本方针。他们设想对建筑实行工业化建设，廉价并大量地提供高水平设计的东西。但遗憾的是，负责完成他们设想的不是建筑师本人，而是预制件厂商和大型综合建筑公司等大型企业。于是从正统路线重归个性路线的设想由于大型企业这一新兴的正统机构的介入而不得不以失败告终。

与此同时，应运而生并作为主角出场的是正统派的领军人物丹下健三。像东京奥林匹克运动场、大阪世博馆等典型的公共建筑物，都是由这位正统派的代表人物一手设计的。现代主义者们试图把建筑从正统路线重新拉回到个性路线的民主主义理想完全失败了。丹下的得意弟子矶崎新在1958年在专栏上喊出了“小住宅万岁”这一无不反讽的口号。矶崎新的看法是，建筑是完全属于公共性质的一种存在。他猛烈地批判了那些试图利用小住宅改变世界的尝试，认为那不过是一种幻想，是低水平的自我陶醉。就这样，在技术力量雄厚的大企业面前，现代主义者们严重受挫。包括丹下和矶崎在内的、代表正统派的建筑师使得建筑业的王道重新复活，就如同王政得以恢复一般。

就在王政复活搞得最热闹之际，安藤独树一帜地登场了。他的聪明之处在于，他没有用“技术”作为武器，而是首先创造了“安藤”这个品牌。安藤在建筑领域书写了70年代流行的传奇。他知道只要确立牢固的核心品牌形象，那么无论是大型企业的技术力量还是销售能力都将不再成为问题，这一点早已由三宅一生和山本耀司等70年代的品牌得到证实。为了创造品牌形象，安藤设计了为数众多的精品时装店。在这个过程中，他认识到了消费社会的某些本质，其结果是他成功地确立了“安藤”这一品牌。他的建筑设计散发着强烈的个性，就像路易·威登(Louis Vuitton)的名牌皮包一样。他甚至已经做好充分准备，决心创造品牌神话——绝不输给任何流行品牌。就这样，安藤成功地引领建筑从正统路线又回到个性路线。他向正统路线发起了有力的挑战。由于安藤的所作所为受到其品牌的保护，作为新兴正统体制的大型企业就连介入或抢夺空间的机会都没有，因此无法采取有效的反击措施。

造成80年代经济泡沫的诱因同样是出于正统路线向个性路线的转变。进入80年代后，金融业的自由化开始显露端倪，官方也推出了一系列鼓励自由化的政策，如放宽制度管理，推进自由化进程，等等。于是个性化获得了从未有过的发展机遇。但另一方面，由于官方的调控，战后日本的地价一直保持着较高的水平。刚从官方的控制中挣脱出来的个性经济以虚浮的地价作为信用保证进行了一系列的投机活动，而这正是造成其后经济泡沫的真实原因。日本80年代的经济泡沫似乎在证明，从正统管理到个性发展的转变是多么难以为继，因为这种转变使得经济不断升温并最终导致了经济的崩溃。

与经济领域时断时续的转变进程相比较，时尚界和建筑界从正统路线向个性路线的转变要顺畅得多。当然这种转变并不彻底，毕竟个性化还没有成熟到可以完全取代正统管理的程度。这一时期，正统管理的主体（建筑师），其权威或许已经消失，但是个性经营也变得非常依赖品牌效应，崇拜品牌作用。正统管理放弃了品牌，可个性经营却成了品牌的奴隶。建筑业已经被大众消费社会的需求所控制，这标志着建筑师窘境的开始。从此，曾经凭借官方承认的资质证书上岗的建筑师开始受到冷落，设计工作的机会流向了那些能够设计出世界品牌的建筑师身上，像安藤、盖里等等。世界各国的城市争相购入这些世界级品牌的设计方案。当然，这些品牌也的确不负众望，向人们提供了他们所期待的式样。这样一来，世界各地的城市里不断出现似曾相识的建筑风景。

在全球化的初期，只有极少数几个信誉出色的品牌垄断着整个世界。这便是品牌效应的法则。公共建筑领域中有时也会追求设计的品牌效应。这是因为追捧著名品牌，依赖著名品牌的不仅限于个性经营的范围，在这样的时代里，正统管理同样也不得不依赖于它，有时甚至就连国家也要依赖于它。之所以会出现这样的局面是由于原本保障建筑特权性的官方体系已经力不从心。

在这样的情形下，官方主体对于通过竞赛进行选拔的方式也表现出迟疑的态度，因为他们知道，与其以竞赛方式得到一个优选方案，倒不如直接选定一个业绩出色的品牌来得更保险、更稳妥。由此，竞赛的方式开始受到冷落，取而代之的是根据推荐来选定相关的人（而不是方案）。这种做法一经尝试便一发而不可收。实际上，这里所说的人并不是某个人本身而是他所拥有的品牌。形势发展至此，官方主体竟也偏爱品牌的推荐——这就意味着连正统体制亦开始屈服于品牌效应。

2003年，东京的新一轮开发热潮达到鼎盛阶段。这次开发热潮的性质符合通常所说的“零和游戏”原理。从实质上讲，这是一次由正统管理向个性经营转变的时代大浪潮。新一轮开发热潮的诱因可归结为官方主体性质的改变和场所的变换。诸如JR集团（日本最大的铁路公司）、防卫厅等官方主体，其工作场所被毫不留情地拆除了。由此，东京中心地带腾出了大面积的空地，进而成为新一轮开发的诱因。总的来说，供应方开始新一轮的开发时首先考虑的是日常生活的需要。站在房客、用户、游客等需求方的角度，他们同样希望解决好日常生活所需的问题，如在市中心住宿、办公室的信息技术自动化、在外用餐，等等，但是他们并不清楚，对于这一系列的需求，供应方究竟可以提供到多大的程度，答案只能在竣工之后出现。

接下来，只要资金一到位就可以实施开发了。由正统管理转变为个性经营，其结果是资金筹措表现得更为顺畅，效果也更为明显。私人资金集资法、专项目的公司、债权化、无追索权贷款等等，利用这些新的技术手段，使得来自大大小小、形形色色的私人主体的资金汇集到某一个大项目中成为可能。这是官方主体的结构转型和资金筹措方式的自由化之间的一次绝妙的契合。就这样，东京上空出现了林立的吊车群。我们就恰巧生活在这样一个从正统管理向个性经营转变的特定时代，生活在这个特定时代的特定时空之中。不知道为什么，时至今日，设计的主体仍然是品牌。名牌建筑师们还在不断地重复已有的设计方案。为什么还是品牌至上呢？

大项目自有它大的意义。因为大，所以项目本身自然就带上了公共的色彩。同时，在资金筹措方面，自由化在发展，个性化也在发展。于是，为了调和正统管理与个性经营之间的关系，这时，品牌便显示出它的效用。为了说服众多的个体，最简单易行的方法莫过于重复已经确立起来的、有社会影响力的设计方案——也就是品牌。房地产公司、银行、保险公司等，这些项目做得越大就会有越多的企业集团加入进来，而参加的主体数量越多就越是需要依赖那些已知名的品牌来得到公众的认可。于是，来自世界各地的越来越多的工作汇聚到品牌设计师的头上。当然，作为当事一方的品牌设计师也会不负众望，完成符合大众期待的设计方案。但是我们知道一个人的想象力是有限的，他不可能无休止地设计出新东西来，于是不得已只好重复以往的设计。在这种情况下，即便是最富创造力的品牌建筑师最后也不得不选择走捷径，重复自己曾经的设计。就这样，建筑失去了创造性。原本应该根据一个又一个不同的对象，根据不同场所、不同条件，分别做出不同的设计方案，但是这种创造力却消失了。建筑本来不应该是品牌的重复，而应该是个性的东西，每样设计方案只能使用一次，这正是建筑和其他商品的不同之处。然而今日，它却成了困扰建筑师的第二大危机。建筑的品牌化说不定会有一天导致社会创造力的泯灭。

然而，最大的危机还在品牌化形成之后。许多个性经营已经从品牌建筑中渐渐地悟到了一些东西。当那些依赖品牌建设都市大项目的企业正忙于筹集资金时，另外一些未加入其中但发展规模与前者相当的个性经营集团已经不再依赖现有的品牌，转而开始思考如何用自己的方式来设计自己的建筑。

这种做法首先是从简便的地方或身边的小建筑开始着手的。因为个性经营者认为，由自己设计，自己建造自己的家是再正常不过的事情，并且个性化所追求的目标也就限于此。个性化的滚滚潮流正是从建造与外界隔绝的个性空间这种做法开始孕育并发展壮大的。这股潮流总有一天会实现设计主体的个性化目标，因为这是它发展的必然趋势。普通大众杂志中的建筑热究其根源也是出于这样的愿望，所谓建筑热造成了建筑师的危机正是这个意思。出现在这些普通大众杂志《建筑特辑》中的建筑师们，他们无一例外地都在强调自己不是这一领域中的独裁者，而只是友善的合作者——友善得就如同从不会危害他人的绵羊似的。当时的情形是，如果建筑师不宣称自己的设计方案是与使用者及其他建筑师共同合作（共同制作）的结果，而是自己一个人独立完成的，那么这位建筑师可能永远也找不到工作。有时候工作机会有了，但人家不要你做合作者，这时你不得不说自己愿意做助手，甚至说做什么都行。此外，当时设计事务所的名称也不流行以个人的名字命名，因为这样很容易让人联想到行业独裁。总之，事务所的名字必须让人一看就会联想到是一个彼此关系密切的团队，否则，这个事务所的工作就没有足够的信誉度。我们把招牌上写有这样的团队名称的设计事务所叫做设计单位。

这一潮流的影响不只限于住宅设计范围。把店铺设计委托给建筑师或室内装潢设计师的人其实也是少之又少，因为业主按照自己的情趣建造的店铺虽然显得朴素，甚至装潢得让人一看便知是外行所为，但是这种缺少完整意义的室内装潢却备受客人的欢迎。即使是在规模较大的公共建筑项目中，建筑师同样只能做一些助手的工作。他们首先必须在市民参与的讨论会上担当干事，认真听取市民的需求，了解他们需要什么样的建筑。经过若干次这样的反复，待到终于了解了市民真正的需求后，才能开始进入专业的图纸设计阶段。

的确，他们不再是特权的拥有者，但是这是不是就可以称之为建筑师的危机呢？建筑师已经从主角位置上走下来，但是社会对建筑并没有因此失去兴趣，相反，所有人依然对建筑怀有浓厚的兴趣。他们中有为数不少的人，空间知识非常丰富，对空间结构有着自己独到的见解。或许这就是建筑趋向成熟的标志吧。但是，我们又很难说这是一种新的现象。在第二次世界大战之前，日本尽管是木结构住宅一统天下，却同样有成熟的建筑文化。那些当时叫做木匠的人具备谦虚的品格和精湛的专业知识，同时他们还理解业主的需求，因此，他们能够设计并建造出高质量的建筑物。所以说，在混凝土结构这种大规模建筑形式到来之前，成熟的建筑文化早已存在。并且在那个时候，个性化牢牢地占据着主角的位置。

也许我们可以把现在的情形看做是建筑文化相隔数十年后的一次重现吧。虽然还只是局限于小型住宅或店铺等有限范围内，但是用个性化的方法建造起来的精细的建筑正在一步步地得到恢复。余下的课题就是能否把个性化的建筑手法扩大到大项目和大型建筑上去。

大规模的建筑行为依然受品牌效应的影响，依然存在着对个性化的抵触，存在着很多的束缚与限制。尽管如此，在这座城市里，唯有继续发展个性化这一实实在在、切实有效的方法并逐渐地推广到其他方面才是真正的出路，毕竟我们已经无法找到重振正统化的道路了。在正统向个性转化的这一时代大变革中，能否使深处正统与个性相互矛盾之中、并为此付出极大代价的城市受到的伤害逐步地得到恢复呢？

2.风俗住宅

根据法国社会学家皮埃尔·布迪厄（Pierre Bourdieu）的理论，所谓高等教育机构是一种为了救助那些受到挫折的精英所设的社会性设施。也就是说，高等教育的存在并不是因为他们是精英所以要接受教育，而是因为要给那些在社会竞争中掉队的精英重塑自尊和满足感。

同理，所谓住宅，它是用来救助那些受到挫折的建筑师而存在的一种社会性设施。毕竟不是所有的建筑师都有机会参与设计社会上的重要建筑物。

在以美术学院为代表的体制性建筑教育发挥作用的时候，是不需要这类救助设施的。因为只要接受过相应的体制性教育的人，国家都会授予其建筑师的资格，设计工作也完全能够得到保障，尽管有人可能工作机会多一些，有人相对少一些，但很少有建筑师闲着无事。

然而，到了20世纪，这一体制崩溃了。体制性教育的形式不再存在，建筑师再也不能由国家提供任何工作的保障。官方的保障体系没有了。于是，许多建筑师，不，应该说几乎所有的建筑师都不得不面对命运的挫折。甚至可以说，凡是建筑师最终都逃不出受挫折的命运。所谓的建筑设计能力实质上是自以为是的一种体现。对于建筑师来说，他们需要有自以为是的性格，因而他们甚至会狂言自己是创造主。换言之，对于建筑师来说，把自己想象成正统的化身是必须具备的一种素质，凡是能力超群的建筑师都必须具备这样的自信和想象力，而建筑教育正是培养这类自以为是者的一种教育体系。

然而，在现实社会里，能够把他们在建筑教育中应该学到的这种自以为是应用于实践中的建筑师几乎没有。他们感觉到的只是自己受到了强烈的、彻底的挫折。于是，建筑师的工作成了一种印有失败标记的职业。

我们可以认为，私有住宅设计工作的出现就是为了把他们从这种挫折中拯救出来。那些备受挫折的建筑师们开始意识到，私有住宅的设计是一项非常有社会意义的重要且体面的工作。建筑师们积极地写作各种类型的《住宅论》也是基于这样一个认识。所有的《住宅论》自始至终贯穿着一个思想，那就是住宅是社会的根基，是建筑的根本，住宅的设计是一项非常重要的工作。通过写作这种论调的《住宅论》，他们终于获得了自救。由此可见，他们曾经遭受到了多么沉重的失败，以至于单靠设计的工作还不足以拯救自己，还必须依赖写作的手段。在所有的《住宅论》书籍中，唯一的例外也许就是我写的《十宅论》[68]。我写这本书的目的在于揭示住宅只是一种非常个性的、愚蠢的欲望反映。《十宅论》的基本思想是：所谓住宅，它不属于正统之物，而是完全属于个性之物。

当然，你想通过设计私有住宅这样的机会使自己得到拯救，首先必须有住宅设计的委托人。让人深有感触的是委托人其实也是一类失败的存在。因

[68]《十宅论》，隈研吾著，拓索出版1986年出版，筑摩文库1990年再版。

为他们失败，所以他们试图通过建造住宅这一方式来挽回自己的失败。现代的平等主义也是造成失败的原因之一。正是因为大家都是平等的，大家机会均等，所以有人才会遭受挫折。这些遭受挫折的人只有通过建设符合“真实”自我的理想住宅，才能够竭力做到拯救自己。20世纪的美国堪称是最有效地利用了这一拯救体系的国家。在第一次世界大战结束后，美国在全国范围内轰轰烈烈地实行了住房抵押贷款政策。这是一次由国家发起的拯救活动，是一次极大的挑战。因为是美国，它是一个“平等”的国家，所以才需要由国家发起这样的拯救活动。

然而，住宅设计真的能够拯救建筑师吗？弗里德里希·恩格斯在其著作《论住宅问题》中对于这种拯救方式提出了极其深刻的警示。他指出：在资本主义制度下，试图推动工人阶级住宅私有化的尝试只是使资本主义和工人之间的对立关系变得模糊的一种手段。因为住宅虽然实现了私有化，但是如果这个住宅只是用来自己居住的话，那么这个住宅不会因为实现了私有化而成为资本。相反工人因为有了自己的私人住宅，于是他为了偿还贷款，从此不得不像以往的农奴被束缚在土地上一样，被迫辛勤地工作。

更值得关注的是在个人住宅建设中，往往都是女性（委托人的妻子）在其中扮演主角。在现代劳动形态中，女性在社会上基本上是受到歧视的，这使得她们备受挫折。为了慰藉内心的挫折，女性大多对建设私有住宅表现出异乎寻常的热情。她们毫不吝惜地把自己“高尚而丰富”的情感投入其中。拯救女性因此也成为美国社会的一大课题。1841年，被称为家政学创始人的凯瑟琳·比奇尔（Catharine Beecher）出版了《家政经济论》（*A Treatise on*

Demestic Economy, for the Use of young Ladies at Home and at school）一书，指出住宅是由妻子掌管的家族天堂，为了方便女性在里面劳动，它必须保证有一个最大限度的有效空间。20世纪初期，女权主义者们发起了集体住宅运动，其目的是通过建设以家政空间公共化（公共厨房、公共洗衣间）为前提的住宅形式来拯救女性。然而，无论什么样的拯救计划，在建设理想的私有住宅政策的诱惑面前，都显得黯然失色。私有住宅的确具有如此大的吸引力。

笼统地说，阶级社会里不会存在挫折感。实际上，“自由”和“平等”这些现代理念才是制造挫折感的根源。真正感受到这种挫折感的是现代住宅的委托人和建筑设计师。可以说，在以消灭阶级为社会发展目标的美国，出现挫折感的现象是再自然不过的事情。

住宅委托人和建筑设计师这两类失意者的邂逅并非一定会有好的结果。应该说，这两类人的相遇几乎注定会有一个不幸的结局。在现实社会中，这两类人从事私有住宅建造的目的都是为了寻求不可能实现的自我价值。既然他们是“尚未实现理想的自我”，各自有各自不同的愿望，那么他们要达成完全一致根本就是不可能的事情。

当住宅委托人意识到这一点后，便试图避开难缠的媒体，独自从事住宅建设的开发。他们尝试摆脱建筑师，利用预制件住宅为代表的设计体系来建造住房。众所周知，美国是预制件施工方式的先驱。另一方面，建筑师也把自己的活动空间设定在纂写《住宅论》和教授住宅设计的活动之中，尽量避免与委托人等外界的接触。这个现象就好比是因爱情逝去而回避爱情，不希望与他人再发生纠缠不清的关系，只希望通过性解放来解脱自己一样。而预制件住宅正好与性解放表现出了惊人的一致。

本书的目的并不是要责难这种现象。无论如何，拯救20世纪社会的是预制件和性解放。这两者都是在没有第三者介入的情况下来拯救人们的，或者说至少人们感觉自己好像获得了拯救。但是这两者之间又存在着根本性的差异。这种差异体现在性解放是具有可变性的，但私有住房却不存在可变性。很多情形下，一个人要背负偿还贷款的沉重包袱，而同时还不得不在自己并不一定喜欢的房子里度过一生。

然而，事情是一点一点发生变化的。爱情完成了它的进化，正在逐步走近性解放。爱情本来是一种不可挽回的行为，是不可逆的，不能重新来过。但是现在仍然这样去理解爱情的人已经没有了。而且人们也不会在恋爱中寻求和他人之间的相互影响力，尽管这种影响力过去曾经有过。爱情急速地向性解放靠拢，感情的浓度变得异常的淡薄、轻浮。爱情和性解放之间的界限变得越来越暧昧，也越来越模糊。

住宅也像爱情逐渐靠近性解放一样，正变得越来越轻飘。这不是说只要在建造中的住宅上贴上玻璃，住宅就会变得轻飘起来。就像过去男女之间的关系分为专一爱情和性解放一样，住宅也分为建筑师设计的住宅和预制件住宅这样两种形式。总之，现在的住宅正变得轻飘起来，但是我们说不清它究竟属于两种住宅中的哪一种。究其原因，一是委托人也好，建筑师也罢，他们都在失去自我这个明确的轮廓。像这样暧昧的两个自我，他们之间是不可能没有冲突的。

二是由于建筑物改造这一行为的普遍化，使得住宅也和性解放一样成了可以弥补的事物。这时向“对方”（建筑师）提出的要求是，要像与风尘女子那样保持若即若离的、不会带来太大压力的距离。这并不是批判，也不是讽刺。住宅设计正在渐渐地趋向可改建的行为，建筑业正在渐渐接近风俗产业。可以说，接受这一现状是今日合格的建筑师所必须具备的素质。

3.混凝土时代

最近我强烈地感受到，20世纪的建筑就是现浇混凝土建筑。不过，要是我真的这样说了，大概马上会有人反驳说，20世纪的代表性建筑难道不是那些钢筋结构的超高层建筑吗？我却不这么认为。为什么呢？因为我认为只有现浇混凝土建筑物才是最自由、最普通的建筑形式，在以自由和普遍性为首要追求的这个世纪里，只有这样的建筑形式才最符合这一追求。钢筋结构也许比混凝土结构表现得更加细腻，更加透明，但是在自由和普遍性方面却是望尘莫及，相差甚远。

现浇混凝土的自由形式首先表现在其造型的自由度上。原则上，混凝土没有实现不了的形态。无论是由柱子和梁构成的框架结构，还是曲面表现的贝壳式建筑，只要采用一种极其原始的、向模子里灌注液体的操作手法，那么一切形态、一切构造形式都是可以得到的。如此的自由在以往的任何建筑施工方法中都不曾出现过。

不仅如此，混凝土建筑物还不受地理位置或地形的制约，它可以在世界上的任何地方、任何场所进行建造。因为把三合板和木头的边角料组装成一个模子，这样的技术在世界上任何一个角落都可以实现，更何况混凝土所需的沙子、水泥和钢筋也是随处都有，在哪里都可以弄到。可见，这是多么简便易行的建筑技术，只可惜过去不曾有过。所以说，体现自由和普遍性的这种技术一统崇尚自由和普遍性的20世纪的社会，是再自然不过的一种趋势。就普遍性（通用空间）而言，密斯所提出过的活动隔墙如果与混凝土技术相比较的话，我们只能说前者不过是那个时代的精英主义在当时有限的技术水平下提出的一种通用观点。如果是使用混凝土这一技术，那么从构建结构阶段到最后完工阶段都是一气呵成，不需要借助其他任何材料。像这样实用而具普遍性的建筑技术过去未曾有过。

若要像这样列数现浇混凝土的好处，详述它与20世纪的投缘之处，那可真是太多了。但是有一点是我们不该忘记的，那就是现浇混凝土建筑在建设过程中表现出来的神秘性。在这一过程中，原本可以有任意形状的黏稠液体在流入模子后，会在极短的时间里凝固起来，形成一个轻易无法改变的牢固形状。这个过程的神秘性与20世纪时代的脉搏能够产生共鸣，因为20世纪面对自由这个东西始终不知所措，在这个世纪里，总觉得没有足够的空间可以让自由任意发展。这个时代在争取自由方面表现出了异乎寻常的热情，但同时在以某种形式来束缚自由的方面它也同样表现出了异乎寻常的热情。

从个体的角度来看，郊外独立式住宅形式对于这一时代的人们具有非常强烈的吸引力。这是因为人们相信，拥有“家”这一“有形”的物质是幸福的保证，于是这种近乎信仰的情感诉求主宰了这个时代。从社会的角度来看，纪念碑式的公共建筑形式也同样吸引了这一时代的人们。这是因为人们相信这样的“形式”与实现社会的幸福关系密切。总之，无论你从哪个角度来看，主宰了这个时代的是希望利用建筑物“有形”的特性能够把漂移不定的、不确定的状态固定下来的一种愿望。从这个意义上来说，这个时代既是“有形”的时代，同时也是“建筑”的时代。

只有混凝土完全可以用来满足这样的愿望。除它之外，再也没有其他任何材料可以适用。只要使用了混凝土这一技术，那么漂移不定的、流动的东西瞬间就会变成一个有形的东西，成为一个有固定形状的物体。这一过程具有神秘性和时间上的不连续性，它与时代的基本愿望和谐地产生了共鸣。换言之，这个只能称作混凝土时代的时间段与20世纪的时代产生了共鸣。

但是，时至今日，这种有固定形状的物体渐渐地竟成了人们厌恶的对象。因为人们正在追求一种能自由地享受自由、变化地享受变化的生活态度。在这样的时代里，人们追求的东西恐怕是那些永远也不会固化的材料和施工方法。这就让人不由得想起了木结构的时代，当然还有垒砌石块的时代和垒砌砖瓦的时代。木材不像混凝土那样呈液体状，所以它既不能像混凝土那样具备自由形态的条件，也不会很快定型。它总是有那么一点点不自由，有那么一点点脆弱。但是这一点点的状态却能缓缓地、长久地延续下去，这就是木结构时代的特点。正因为这种施工方法有诸多的不自由，没有太多的可塑性，所以城市在一定程度上才能够保持规模的统一和形状的统一。

木结构建筑不像混凝土建筑那样有“特定日子”浇灌混凝土。并且，木结构建筑在完工后，由于建筑物相对脆弱，人们还会不断地对它进行修整、改动。由此，我们也可以说人们对于建筑物的完工或建筑行为已经失去特殊的感觉。木结构建筑物并不具备使梦想成为现实的魔力。因此即使在建筑完工后，人们还可以保留一定程度的修改自由。

“特定日子”不过是一种幻象。时间是慢慢地、永恒地持续下去的东西，这也是木结构建筑时代的本质。它与20世纪的工业化的或预制件的结构性质完全不同。工业化也好，预制件也罢，它们的目标与混凝土一样，是固定，是形。想要尽快达到“有形”的结果是工业化时代的本质。

无法被固定成有形的物体，即没有中心也没有边界的东西只能是散漫的、模糊不清的东西……这样的东西，我们已经没有必要把它们叫做建筑物了。现在，我们还在不断地幻想：如果不是从形状开始研究，而是从具体的施工方法和材料上开始进行研究的话，那么我们是不是就能实现这种“无形”的境界呢？

4.虚拟世界

人们普遍相信除了实实在在的现实世界，还存在另外一个游戏世界。先不论这个说法是对是错，暂且我们相信是对的，在这个前提下我们来讨论一下游戏和弹子机吧。

要讨论另一个世界，首先要具备有两个观点。一是关于形成另一个世界的理论框架——有关另一个世界与现实世界之间关系的观点，也就是关于另一个世界与现实世界之间如何割裂又如何联系起来的观点。事实上，另一个世界并没有真的从现实世界中割裂开来，但是，既然我们称它为另一个世界，那么，势必这两个世界不能完全联系在一起。所以我们需要把目光放在割裂和联系之间的平衡或共存之上。

第二个观点是关于另一个世界内部的，即居住在那个世界里的感觉，或者说生活在那个世界里的感觉。简单地说，就是把自己放在游戏主体的位置上，主观地分析游戏的乐趣所在，换言之，这便是游戏的现象学分析。只有立体地把这两个观点结合起来，我们才有可能探索游戏的本质。

在验证多媒体技术可能性的时候，这两种观点也是非常有效的工具。通过多媒体技术，形形色色的虚拟世界在我们周围不断形成。如果把真实的城市、建筑叫成现实世界的话，那么在这个现实世界的周围甚至内部，虚拟世界正以锐不可当的势头不断扩张。因此，为了研究虚拟世界的理论框架和内在思想，我们需要学习游戏。

就拿弹子机这种游戏为例。你可能觉得奇怪，世界已经发展到现在，为什么我们还在用弹子球这种真实的物质形式玩弹子机呢？完全不需要真球的电脑弹子球游戏已经出现，弹子机房完全可以把店内的系统全部改装成电脑弹子球系统，这样一来，弹子机店不仅可以大大减少人工费的支出，而且机器维护的成本也将大幅度地降低，实在是有百利而无一弊。既然如此，为什么我们现在还在打真实的球呢？这就跟弹子机的现象学，即玩游戏时的感觉有关。我们知道当又硬又重的银色球撞击漂亮的郁金香，尤其是被撞破的郁金香出现裂口后，随着一阵"哗啦哗啦"的悦耳声音，无数个闪着银光的球从机子中滚落出来时，人就会产生一种快感，而这种快感，按照弗洛伊德学派的说法，可能是性快感的一种替代方式，同时也可以把它解释为硬币大把大把流出来时的感觉。

电脑利用声音、影像等多媒体手段已经完全可以提供超越这种快感之上的快感。但是由实实在在的弹子球带来的快感似乎有一种超越这种影像效果的东西，所以我们还在继续打真实的球。

以弹子机为代表的、已有的各种游戏，与电脑游戏相比，一般来说在现实的快感方面绝对处于优势的地位。所以要在一个小小的、有限的画面中，如何向玩家提供最大限度的现实快感是电脑游戏的一个课题。

把所有的信息都还原到一个画面上的做法当然不是其优势，相反应该说是它的劣势。视频艺术家白南准以录像艺术为例，指出了影像画面具有的不利因素[69]。根据他的理论，尽管人的眼睛视角通常有200度，但是人们在看电视的时候，视角最多只能用到40度。而且人的眼睛通常要反映出非常大的空间和时间的合成物，同时还必须具备随眼光移动而反映出不同东西的能力。当我们用40度的画面来替换这种巨大的空间和时间时，我们必须在了解影框窄小性和局限性的前提下对画面进行编辑。否则，观看这些画面的主体很快就会感到厌烦，感到索然无味。

无论电视也好，还是录像艺术也好、抑或是电脑游戏也好，它们都带有上述不利因素。电脑游戏在影像的现实性方面比前两者有更多的不利因素，其影响力却又有着自身的优势，即由于它符合主体的行为，这就使得主体不再因为影像画面的限制和单调而感到无聊。

---

[69] 可参考水越伸所编《20世纪的媒体》(Justsystem 1996年)一书。其中收录白南准、筑紫哲也和水越伸三人之间的交谈，提到"假如梦是人生的替代，那么录像机就是梦的代用品"。

即便是电脑游戏，解决不利因素的过程也绝不会是轻而易举的。电脑游戏大致可以分为角色扮演游戏、模拟游戏、快感游戏这三大类，而这三类游戏的兴荣盛衰过程充分地显示出克服不利因素的方法其实是多种多样的，同时也是需要不断改进的。

在角色扮演游戏中，游戏的主体（玩家）按照游戏冗长而复杂的故事情节，向着最终目标苦苦探索，艰难前进。建立在这种游戏中的虚拟世界是复杂的，有时甚至是不合常理的，但是它只有唯一的一个终点，在这一点上又可以说它是极其单纯的。

相反，模拟游戏却没有终点。它只是把现实世界的一部分切下来摆在游戏主体面前而已。这种虚拟世界与现实世界在很大程度上有着相似性，更何况它和现实世界一样有空间和时间的展开，主体可以在里面尽情地游玩，还可以模拟如何赚钱。在这个模拟世界里，同样保留了现实世界中的规则和因果关系。所以，在这个意义上来，这种游戏是对现实的极为准确的模拟。

快感游戏无疑也模拟了现实世界中的一部分。快感游戏是由格斗游戏、连续对打游戏、射击游戏、性爱游戏等组成。这些游戏中构建的虚拟世界边界非常有限，全然不像现实世界那样有无限延伸的空间和时间。但是类似弹子球从机子里“哗啦哗啦”滚出来时所感受到的那种快感弥补了游戏中的这一缺憾。当然，快感并不是从电脑游戏创作成功时就与生俱来的。

在八比特硬件的家用电脑上就可以玩到的初级阶段的快感游戏，对于“已经习惯快感”的成年人来说，快感游戏所带来的快感远远不能令人满足。以《勇者斗恶龙》为代表的角色扮演游戏之所以能流行起来，就是成年人对于初级阶段的快感游戏不满的一种表现。

我们再回顾一下本章节一开始所提出的两个观点，即在分析游戏的理论框架和内在思想时的两个观点。在游戏中，不同的游戏各有不同的缺陷和优势。快感游戏是以其内部的魅力来吸引人的一种游戏，角色扮演游戏则是通过巧妙地设定框架来决出胜负的一种游戏。

所谓“框架”指的是现实世界和游戏中的虚拟世界之间的相互关联性。电脑为我们提供了从现实世界里割裂出来的另一个世界（虚拟世界）。人们在这个世界里可以体验自由。然而，事实并没有这么简单。因为被割裂也好、虚拟世界也好，它既不具备自身的价值，也没有什么新奇之处。既然这样，那么不只是那些建构在电脑中的虚拟世界，其他所有的游戏都能带给人们相同的自由吧。深受人们喜爱的另一个世界（游戏）其实并不是因为它是另一个世界而受到欢迎，它之所以吸引人们，不是因为它有一个非常完美的内部，就是因为它有一个能巧妙地统一割裂与联系关系的框架。如果这两个因素都具备的话，那是再好不过了，但是像这样的游戏并不容易找到。

话虽如此，我们还是找到了这样的游戏，例如弹子机、赌博麻将。但是，这样的游戏实在太少了。尽管弹子机、赌博麻将游戏具有完美的内部和巧妙的框架，我们还是很难断言它们在框架和内部之间保持了完美的平衡。例如：弹子机通过把赢得的球换成奖品或现金的形式与现实世界发生联系，赌博麻将是利用现金的往来巧妙地与现实世界发生联系。如果它们与现实世界完全割裂的话，那么这些游戏的吸引力就会大大降低。相反这些游戏的内部虽然形成了前面说到过的那种形式的快感，但这并不是说仅靠内部就可以拥有如此大的魅力。

让我们再回到电脑游戏上来。成功的角色扮演游戏避开了利用内部快感来取悦人们的方法，它通过巧妙地设定框架，一举获得了爆炸性的人气指数。这种框架实际上是由玩同一游戏的人形成的一种凝聚力。这种凝聚力又是由唯一的走出迷宫的线路和唯一的终点带来的。为了破解迷宫，共享一个游戏的人们相互传递各种信息，于是以游戏为核心的凝聚力就可以在瞬间的时间里迅速形成。还有，这种游戏引进了竞赛原理，让共享一个游戏的人们竞相向着唯一的终点快速推进。由于竞赛原理的引进，玩家们不得不互换信息，由此凝聚力得到了进一步的强化。像这样，由玩家通过游戏而形成的共同体我们应该把它叫做虚拟世界，而这个虚拟世界的最大魅力就在于它只有唯一的、目标明确的终点。在现实社会不断丧失目标的情况下，以角色扮演游戏为核心形成的、有共同目标的凝聚力确实魅力无限，赢得了一部分人的狂热追捧。

在模拟游戏与快感游戏中，不存在形成凝聚力的机会。也就是说，模拟游戏和快感游戏从一开始在框架的设定方面就缺少技巧，而且直到现在，这种状况依然没有从根本上得以改变。但是，随着硬件技术的进步，游戏的内涵还是有了很大的变化。在技术方面，由于高比特硬件的出现，使得快感游戏的内部建构有可能魅力大增，也正因此，快感游戏全面开花，很快普及开来。所谓有魅力的内部建构，指的是高速的相互作用过程和影像的现实性。围绕着这些快感游戏，原则上不会形成主体的凝聚力，并且游戏本身和现实之间也没有任何关联性。即使在全封闭的室内，主体也可以完全学会玩《VR战士》的游戏。这类游戏的内部建构完全有可能吸引成年人的光顾。

游戏界的这一状况是我们所处环境的一个缩影。我们所有的人都被编入一个相同的集体之中，这个集体只有唯一的、明确的终点——有时是“日本”，有时又是“社会”。但是，像这样具有绝对束缚力的集体现在已经找不到了。终点就像《勇者斗恶龙》中的终点那样，只是一种假设或虚构的东西。同样集体也只是一种相对的、假设的和虚拟的东西。另一方面，没有终点的、孤单的快感游戏又不断地在出现在我们的周边。《VR战士》也好、性爱也好、迷幻药品也好，它们存在于我们的周围，并不断地诱惑着我们。那么，我们究竟是选择虚拟的终点和集体呢，还是选择虽然孤独却很现实的快感呢？在这两种选择面前，我们茫然不知所措。

由于我们犹豫不决，使得已有的游戏方式不得不发生改变。弹子机和弹子机店的变化就是这种情形的一个投影。以往的弹子机店是逃避单一集体，逃避单一现实的一个场所。作为另一个世界，它有存在的意义。为了强调它是另一个世界，即强调与现实世界的割裂，弹子机店需要一种舞台那样的外部装潢和内部装修，借此与真正的现实世界形成对照。当然，在进行这种割裂的时候，弹子机店施加了一些高超的技巧，即通过赢球换钱的体系，游戏在与现实世界割裂的同时又保持了联系。

但是现在，呈现另一个世界的必要性越来越小。因为真真切切的现实世界已经消失，所以呈现另一个世界的一面已经没有必要，也没有什么用途了。一切都是作为相对的另一个世界（虚拟世界）而出现的。既然如此，那么，我们就没有必要在这个世界的前面加“另一个”这样的限定词，也没有必要把它叫做“虚拟”了吧。

只是有无数个世界。多简单啊！有的世界是以虚构的终点和共同性来诱惑人们，有的世界则是以现实的快感来诱惑人们……这些“另一个世界”与“现实世界”之间没有联系，完全独立存在。弹子机既不完全属于另一个世界，也不完全属于现实世界，所以没办法，它只好如寄生虫一般寄生于现实世界中。弹子机没有实在的、强烈到足以能够独立存在的诱人快感，当然，也没有虚构的终点和共同性。尽管如此，人们依然抬腿迈进弹子机店，这应该是现实世界还没有完全消亡的一个最好证明。正因为现实世界依然存在，所以这类寄生虫还要不断地改变自己以求继续生存。我们正生活在这个暧昧的变化期之中。现如今有着中立意识的弹子机店也是这个变化时期的产物。

这样一来，现在的弹子机店在很大程度上与美术馆、银行等颇为相似。形形色色的投机活动——艺术、投资、弹子机——存在于现实世界的边缘界线上。这些投机活动为了延长自己的寿命，总是不停地证明着自己与现实世界之间互有联系，是可信赖的。在这些已有的投机活动中，没有真实的快感，也没有独立的终点和共同性。所以，它们只有与现实世界之间保持联系，才有机会延长寿命。美术馆也好，银行也好，弹子机店也好，它们都需要不断提高自己的透明度，强调自己与现实世界之间的联系。玻璃墙美术馆和开放银行都试图把这样的意图隐藏起来，它们只是一些人躲避其中的玻璃箱子，这些人既没有勇气投身到有独立终点、独立存在的另一个世界中去，又不屑置身于真实快感之中。不过，话虽如此，却并不表明现实世界中又有了以往曾经有过的魅力和制约力。这些胆怯的人只是在处于现实世界边缘，躲在透明的玻璃箱子里，获得些许的兴奋和短暂的平安。

5. “美”的终结

建筑世界正在不断地发生着奇怪的现象。杂志正逐渐地失去它的信誉，确切地说，刊登在杂志上的建筑照片正在失去人们的信任。现在已经很少有人相信杂志上的照片的真实性，而这种现象并不仅仅只出现在建筑界。

为什么会出现这样的情形呢？最大原因恐怕要归罪于电脑图像处理技术的进步。因为有了电脑，人们就可以根据需要对实际拍摄下来的照片进行任意的修改。例如，你要介绍一个建筑作品，但是这个建筑的前面有一根电线杆大煞风景，这时你尽可以利用电脑技术把这根碍眼的电线杆删去；你要介绍另一个建筑作品，但是在这个建筑物的后面有一些与此建筑不太协调、有碍观瞻的大楼，这时你同样可以利用电脑技术把它们删去。不仅如此，你还可以用蓝天白云来填补大楼被删去后留下来的大片空间；还有，如果你想把一栋高高耸立的建筑物安置在以清澈的蓝天为背景的空旷的大地上，那么只要你利用电脑画像处理技术，就可以毫不费力地把这样的风景呈现在读者的眼前。

像这样的情形尚不过是对背景做一些处理。如果对作品的修改止步于这种程度的话，也许罪过还不算太重。然而，可怕的是有人甚至会对建筑作品的主体进行画像处理。例如，设计师认为按建筑物业主的要求选定的屋顶颜色，如茶色屋顶，在图像上显得很不自然，于是他会在图像上把原来的茶色屋顶改换成冷银色屋顶后再投入印刷；又如，基于建筑标准法对高度的限制，使得拍成照片后的建筑作品显得有些臃肿，于是照片在杂志上刊登出来之前，设计师可能会对照片的纵横向尺寸比例进行修改，以便使建筑物看上去显得更挺拔一些，修长一些。

在现实生活中，我不清楚杂志利用这样的方法对图像进行处理的情形已经发展到了什么样的程度。但是，问题的关键并不在于它已经发展到了什么样的程度，而是在于人们对于这样的行为已经司空见惯，他们很理解设计师这样做的苦衷，认为这没有什么不妥。那么，为什么人们会如此消极地对待这一现象呢？为什么人们从不认为这种现象是非常值得关注的一个问题呢？

原因很简单，因为建筑杂志从来都不是以真实作为价值标准的取向的，它是以美丑为价值标准取向来进行编辑的。只有在那些以真实或虚伪作为价值标准取向的媒体（如新闻报道）上，类似这样的画像处理是绝对不允许的。这不仅会让编辑们丢掉饭碗，而且报社的一社之长也会迫于舆论而不得不向世人公开赔礼道歉。相反，建筑杂志最关心的不是事物的真实性而是美学价值，作为一本杂志，为了追求美它可以不惜牺牲事物的真实性。所以，当我们翻阅以前的杂志，尽管当时的计算机画像处理技术尚未发展到今天的这种水平，但是我们仍然可以发现杂志上其实已经出现了许多类似的做法：使用过滤器改变颜色的做法；使用特别的长焦镜头或广角镜头使画像看上去有些倾斜的做法，等等，这在当时都属于很平常的事情。更有意思的是，对图像进行处理的这种虚假行为并非只是二流建筑师的专利，实际上一流建筑师对此方法更是热衷有加。

众所周知，被称为20世纪最杰出建筑师的勒·柯布西耶就是一个精通图像处理技术的人。他经常使用喷色器的方法对照片上的图像进行处理后，坦然地把它们刊登在自己的作品集里。所以，我们在他设计的建筑作品图像中，

图65 刊登在《勒·柯布西耶作品集》中的喷刷加工后的照片（左侧偏暗的墙面为加工部分）。

看不到建筑作品周围的其他东西，如其他建筑物、山，等等。围绕在他作品周围的这些真实背景都被毫不留情地一一删除，取而代之的则是清澈的天空。因为勒·柯布西耶喜欢对比强烈的影子所产生的效果，因此，他总是在图片上用尺子画出建筑物的阳面和阴面之间的界线，然后再把阴影部分涂黑。这是他最擅长的一种手法（图65）。可见，无论这个建筑师多么优秀，做这样的事情也很得心应手，坦然无悔。而且他作为建筑师的这些做法丝毫也没有影响人们对他的评价。这就是建筑的世界。

这不只是新闻业的价值取向问题，而是形式的价值标准取向的问题。所谓建筑，它是受美，确切地说是受视觉上的美这一价值标准取向支配的领域。甄别一个建筑物的美与丑是高于一切的事情。当然问题不限于此。实际情形是到了20世纪，在这一领域里，照片已经成了必不可少的一种媒介。问题也恰是出在这里。因为照片只是一种极其暧昧的、不负责任的媒介。在这种媒介上，可以任意地杜撰任何事物；在这种媒介上，真实和虚假会变得异常的模糊难辨；在这种媒介上，有一种特殊的能力可以把虚假和真实的界线搅混。利用电脑对画像进行处理的技术进步加速了照片这一媒介的暧昧性。由于照片这种危险的媒介与建筑这一危险的领域已经沆瀣一气，因此，对我们来说没有比这更危险的事情了。

要想阻止媒体对照片进行处理的虚假行为，办法只有两个：一是把它用在以真实为价值标准取向的媒体上面，即用作新闻报道的照片，这使得对照片进行修改的行为受到限制，也就是给照片套上了紧箍咒；二是为照片这种媒体准备一个独立的写真艺术空间，在这个空间里，没有人会关心被摄物真实的美与丑（伪造的开始），人们只关心伪造的结果。如果有了这种空间场合，那么伪造这一概念也就失去意义了。

但是这两种方法并非适用于所有领域。如果一个领域并不适用这其中任何一种方法，那么用照片这种媒介还是异常危险，还会变得毫无意义。打个比方，如选美。虽然在初赛阶段，难免会利用照片这种媒介，但是，进入复赛、决赛阶段，组委会是万万不能用照片来决定胜负，通过照片决胜负的选美活动简直是无稽之谈。我们知道，照片可以制造出一个美女来。所以初赛中通过照片选出来的美女们，最终必须站在同一个舞台上，由评委们通过肉眼观察来决定最后结果，评出名次。在以美为标准的领域里，应该说只有这种方法最具可靠性。

遗憾的是，建筑物一旦建成后就不能轻易挪动。所以像选美那样把各种建筑物搬到同一个舞台上进行比较是万万不可能的。因此，人们只能把建筑物拍摄下来，通过照片对建筑物进行比较、评价。也就是说人们不得不依赖照片对建筑物进行“选美活动”。这也是不得已的事情。20世纪最根本的矛盾也就出在这里，而计算机的图像处理技术进一步加速并最终暴露出了这一矛盾。

那么今后像这样的“选美”活动会往哪个方向发展呢？首先，可以预见的是信息量增加和媒体多样化的发展趋势。这一预测的依据是，如果仅仅使用照片，就避免不了造假行为。但是如果在使用照片的同时，也使用电影、录像之类的媒介，那么要伪造一个东西就会变得异常困难。

但是这个发展方向显然是有局限的。因为无论媒体的多样化程度有多高，要想完全切断美的标准和视觉媒体之间的关系是不可能的。解决这个问题的唯一方法是重新认识美的标准，找到取而代之的新标准。

事实上，这种趋势已经出现，虽然它们的形式各不相同。例如，不再注重结果，而是去评价并欣赏制作过程就是其中的一种形式。建筑杂志、美术杂志已经开始腾出一定的版面展示制作过程，供读者体验制作过程。建筑师和艺术家也不再仅仅是追求作为结果的美，而是竞相追求导致美这一结果的过程。这个过程是丰富多彩的。新一代建筑师已经登场亮相，他们在设计、建造作品的过程中，认真听取用户的意见，同时也会邀请用户加入到施工过程中来。这就是所谓的“参与型建筑”——建筑过程就是他们的一个卖点。此外，还有以材料实现应用的过程为卖点的建筑。这是一个不断摸索并反复试验迄今尚未使用过的新型材料，并最终成功实现应用的过程。像这样的一些过程我们无法在照片上看到，因此我们也就无法了解建筑物的优点、建筑物的特性。只有在看到照片的同时阅读建筑过程的说明，我们才能真正了解一个建筑物的价值。你可能忽然恍然大悟，拍着大腿说：噢，原来这个建筑物是这样建起来的。

无论如何，不是照片时代而是建筑选美时代在走向终结。建筑以美为价值标准的时代在走向终结。视觉上的美可以任意伪造，站在舞台上任人品评谁更美没有任何意义。重要的是把它们从舞台上请下来，实际接触一下，并共享一个时间、一个过程。对于人类来说，只有这种体验才是有意义的，而让我们认识到这一点的不是别的，正是计算机。

6. 圈地运动

建筑业的不景气是伴随着社会经济的衰落而出现的。造成这种情形的原因是因为建筑项目的进展速度极其缓慢，从立项到完成所需的时间很漫长，越是大项目这种拖沓倾向也就越明显。例如，在经济泡沫时期就开始策划的大项目从立项到建筑完工，前后所需的时间跨度大约需要 10 年左右。

建筑项目一旦开了头就一定要完成，越是大项目越这样，即使过了预定的交付期也要延期下去直至竣工。这让人感觉很没有必要。日本的公共部门实在非常缺乏把握时代脉搏的敏锐性，缺乏及时调整并修正大项目的魄力。结果在景气指数下降到了谷底的阶段，出现了最不被需要的超大型建筑，而且这样的建筑远远不止一个。

这样的体制真是愚蠢至极，但是批判这种体制并非本书的目的。几乎所有的新闻媒体都不可能把批判延期完工的现象作为已任，因为它们并不甘心满足于充当这样的角色，所以也就无法提出更为深入的批判。实际上，延期完工的现象无论在经济繁荣的时期也好，经济低迷的时期也好，总之在任何情况下都可能出现。尽管新闻媒体摆出一副随时准备批判延期竣工现象的姿态、并对建筑延期完工带给社会秩序的不良影响大肆抨击，但实际上媒体并没有真正了解延期的本质，没有触动延期建起来的东西的本质，结果是媒体反而成了助长延期竣工现象层出不穷的工具。在这个意义来，新闻媒体开展的所谓批判只不过是阶段性（景气／不景气的阶段）表现的一种形式而已。

为什么人们对施工延期现象置若罔闻呢？首先我们不能把所有责任都归咎于新闻媒体，事实上，人们也不是对延期现象完全置之不理。应该说是 20

世纪的社会需要延期现象的存在，而凯恩斯经济学也只是诱发这种现象出现的一个管理体系而已。凯恩斯提出的体系是当经济陷入低迷的时候，把经济繁荣时期征收上来的税款以公共事业的形式投放出去，通过这种形式使经济得到均衡。曾经因大恐慌而一度陷入迷茫的20世纪的经济也正是由于这一体系才最终得到了拯救。

凯恩斯提出的体系是一种规模非常庞大的风险管理形式，要求时间和空间的相互统一。现代权力只是在计划立案和计划实施这两个层面行使权力，而计划通常又是以单一年度计划的形式进行立案的，所以它缺少时间概念，是一种纯粹的空间计划，这就是现代权力的局限，也是议会制度的产物——“民主主义”权力的界限之所在。为了打破这一界限，即为了把以空间形式立案的计划与时间统一起来，延期完工的体系，即凯恩斯政策，被邀请登上了舞台。

现代权力的界限也决定了公共事业的性质。现代权力在时间和空间上都受到非常严格的限制。由于现代权力无法做到对长期计划进行立案和实施，所以在时间上受到了制约；另一方面，从空间角度来看，由于现代权力无法对应发生改变的实质性都市计划进行立案和实施，所以在空间上也受到了制约。如果把19世纪奥斯曼在巴黎实施的实质性都市计划放到20世纪进行，这种做法就行不通了。所谓“实质性”，是指管理构成都市规模的具体建筑的形状、设计等的意思。都市的既得权力越来越错综复杂，每个权力都主张自己的尊严、主张设计的自由。为了建设奥斯曼时代那样规模的广场和都市中心，城市建设就必须收购所需用地，但是原则上来讲，如果不能收购到必要用地的话，那么实质性的都市计划就只是空中楼阁。

在这种情形下，现代权力只剩下两个方面可以发挥作用。其一是有权规定建筑物的外形轮廓和容积率，并由此间接地对都市进行管理；其二是有权建设单一建筑物——包含都市广场街道等的规模巨大、功能繁多的公共建筑物。也就是说，这是以建筑物（这里指单一的巨大建筑物）的形式来创建微型城市的方法。20世纪的权力仅限于这两种用途。

应该说对于现实的都市来说，现代权力在这两个方面的作用显得过于软弱无力。在民主主义制度下，现代权力对于形态影响尽管是间接的，但相关规定过于抽象，也过于依赖几何学的模式，完全不具备建设魅力四射的“实体都市”的能力。奥斯曼首先设计出的街面房由石灰岩墙面和点缀得很漂亮的青灰色屋顶构成，并且高度一致，但是这种设计思想已变成遥不可及的梦想。此外，现代权力对建筑形态的规定毫不含糊，甚至要对每个不同的建筑物逐一进行专门规定。但是另一方面，它又不可能成为这样一个体系，即建设以广场为代表的充满魅力的公共外部空间的体系。更为不幸的是，在业已处于饱和的20世纪都市的中心位置上，建筑物的更新、重建速度过于缓慢，因此现代权力对都市的间接性的规定显然不切实际。

于是，急于求成的现代“民主主义的”权力只能逐步向建设超大型公共建筑物的方向发展，也就是力图向把建筑物建成微型都市型。这一做法是希望达成建筑物在时间与空间上的统一，这与凯恩斯的延期完工政策的思路完全一致。

然而，现代权力在这一方面也存在许多缺陷。一个缺陷是像这样建起来的超大型建筑物具有很强的封闭性。可以说在这种类型的建筑物中封闭性是不可避免的。既然如此，为什么还要对这种类型的建筑物进行立项并投入建设呢？究其原因就在于那些建筑物所处的都市环境太缺乏魅力。地处这样的环境，那些超大型建筑自然有必要与乏味的周围环境相隔绝。它需要把自己封闭起来，同时还要在内部构建出魅力四射的都市空间。此外，超大型建筑物既然具备建筑的形式，那么它要与周边环境相割裂也在所难免。如果它像道路、河流那样具备连绵不断的形态，还可以避免与周围环境相割裂吗？但是建筑物之所以称为建筑物，不恰恰是因为它们具备各自独立的形态吗？因此，人们常常把这种浓缩了都市风貌的公共建筑物叫成圈地物体（被圈起来的东西）。

如果说此类公共建筑物的特点在于封闭性的话，那么这样的圈地物体，其归宿必然是走向超大型化。如果事先设计好要在圈地物体的内部构建都市生活所需的方方面面，那么这个建筑物自然必须比其他任何东西都要大，为此又需要征用一块超大面积的建筑用地。而在既定权利错综复杂的现实都市里，想要确保一块面积庞大的用地，必然地要远离都市中心，向都市外围扩展。如果对泡沫经济崩溃以后建设起来的日本超大型公共建筑用地位置进行调查，你会发现它们有一个非常明显的共同倾向，那就是都位于都市的外围，就像东京都现代美术馆、第二国立剧场等，这些重要文化设施正从东京都中心向都外不断地迁离出去。

这种体系注定是悲剧的，甚至我们可以称它是一个恶性循环的体系。当我们为了解决都市空间的枯燥乏味而想要利用建筑物的时候，那么这个建筑必须具备的首要条件就是超大型化。于是为了找到廉价的土地来建设这个超

图 66 在比较了自己的代表作会展中心（1994）与其他构建物的规模后，雷姆·库哈斯所绘制的东西。

大型建筑，开发商不得不把目光投向都市外围，在那里寻找建筑用地。结果都市原有的中心不断向外扩散，被留在圈地之外的都市空间逐渐失去了它原有的魅力，取而代之的更为庞大的圈地物体受到人们的期待。这就是恶性循环的过程。可见，圈地物体并不能真正解决都市问题，它的出现只是要建造一个都市顽疾传染不到的封闭区域，而这样做的结果却是使整个都市环境进一步趋向恶化，并使得都市一步步地失去它原有的魅力。更令人感到绝望的是，由于巨大的圈地物体需要庞大的建设费用以及建成以后的维修成本等等，从而又给都市财政带来巨大的危机。

这样的恶性循环不只出现在日本。在大规模的圈地运动中，如何使都市行为得以有效推进，已经成了今日世界建筑界的主导性课题。雷姆·库哈斯坚持以实际创作的形式来诠释这一课题（图 66、图 67）。与这一课题紧密相关的设计方法包括透明性的概念、连续性的概念以及利用倾斜的地面把不同的功能立体地结合起来。所谓的圈地，对外它是封闭的，而在其内部又是透明的，进入这种圈地内部的主体空间，可以体验到形形色色的都市要素之间由于相互碰撞和相互依赖所产生的勃勃生机。就在这样封闭且又透明的建筑箱子里面，出现了比以往任何时候都彰显出都市个性的空间。

这种方式的应用不只局限于公共建筑物。其实对都市行为的需求表现得最为急迫、最为真切的是资本，但是由于都市行为无法在现实的都市中实现，所以它们就只有通过自己建设圈地来创造都市行为了。所谓独具风格的大型休闲娱乐设施就是利用资本建设起来的、具有极高封闭性的圈地行为。

一切都在向圈地的方向发展，换句话说，一切都在向独具风格的大型休

图 67　会展中心（设计：雷姆·库哈斯，1994）

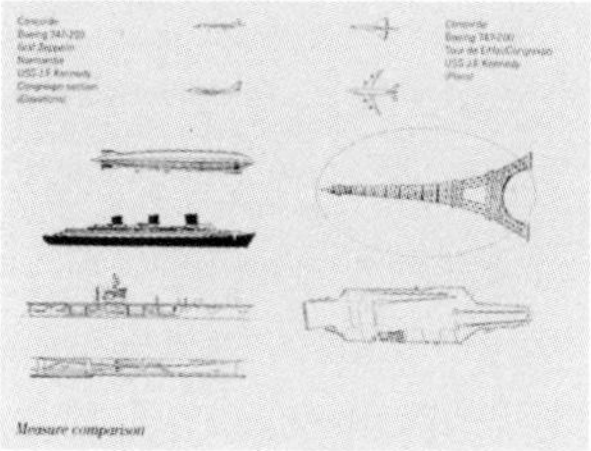

闲娱乐设施建设的方向发展。这不只是有关建筑和都市的话题，而是涵盖整个社会的一种倾向。它是经过缜密计划而构建起来的现实社会的一个缩影，也是在今日社会的所有领域中不断扩张的圈地的本质。而所谓的网络化则是这一倾向的别称。因为利用网络化、电子技术把所有事物紧密联系起来的行为，归根结底都是在圈地内部进行的，网络与圈地的外部完全隔绝。网络还封闭在圈地的形式之中，这里有一个网络化概念的陷阱。

今日出现的种种危机，其根本原因都是起因于圈地所划出的界限。现在人们经常在私下议论的、已经有漏洞出现的世界金融体系也像圈地一样，对内开放，对外封闭。通过扩张圈地的范围来试图规避风险是今日社会通常采用的风险防范手法，金融体系同样也采用这种方法。具体的操作手法是把风险作为商品，通过投入更多的资本来试图避开风险。结果，圈地不断膨胀。金融系统中的衍生物（金融所派生出来的商品）是回避风险的典型工具。由于金融系统开发了各种规避风险的手法，使得金融系统的圈地急速扩张。像这样呈现出来的繁荣景象不过是误导了人们的思维，使他们错误地以为经济在快速增长。

几乎所有领域，都是通过向外扩散风险的手法来回避风险的。然而，事实上风险并没有真正得到回避，只是看上去似乎得到了回避而已。所以其本质不是避开了风险而是通过向外扩散使得风险来临的时间延迟了。暂时的延迟替代了回避。这样的情形与老鼠会如出一辙。而凯恩斯经济学也正是这样的一个体系。凯恩斯本人很清楚这一事实。所以当有人质疑他说：你的经济学不过是解决恐慌的一个短期处方，从长远来看它还能解决什么问题？对此，凯恩斯玩世不恭地回答说：从长远来看，我们都已经死去了。

为了使这一延迟代替回避的体系能有效地发挥作用，这一体系必须在整个社会中所占比例，即圈地，相对要小。当圈地范围超过某个临界值而过大的时候，这一体系就会出现破绽。这就像老鼠会或凯恩斯经济学一样，只要结果尚处于合理范围内，它们就有继续存在下去的可能性，一旦它们所取得的结果超出了一定的界限，它们就会开始露出破绽。现在的金融系统、圈地式的建筑其实已经开始出现破绽，显露危机，而危机的本质恰是如此。

那么我们如何才能跨越这种危机呢？在宏观经济学已经出现破绽的今日，从理论上去解答这个问题似乎需要相当长的一段时间。所以我们目前能做的只是直观地去寻找不同于圈地式的建筑方法。我们不要在现实的都市中建设封闭的建筑，而是要建设小型的建筑物、开放的建筑物，把它们无保留地展示在现实的都市中，无条件地向都市开放。我们追求的透明性不是满足于封闭的圈地效应中的透明性，而是向都市开放的、真正意义上的透明性。

尽管如此，建筑物可能还是过于庞大，可能还是把一切都围了起来，因为在建筑物身上有向圈地发展的遗传因子。干脆我们来尝试一下把一块石头放在现实的路上，认真思考一下如何放置这块石头，然后看看会发生什么事情。我有一种冲动想把这种行为叫做建筑设计。

结束语

从各种不同的角度进行思考后，我决定写这本书。因为我想建筑这一领域是没有办法独立出来的,它与社会上形形色色的现实情形紧紧缠绕在一起。我思考过经济与建筑之间的关系；思考过社会及家庭的问题，当然，我也思考过形态及设计的问题，等等。但是经过通盘考虑之后，我决定从几个不同的途径出发去尝试解开同一个问题。

如何看待大与小的关系？如何管理越来越庞大的世界？这几年来，我一直在开动我的脑筋，不断地活动我的手，目的只有一个，就是找到这个问题的答案。

建筑形式的存在可以看做是为了控制不断扩张、不断膨胀的现实世界而出现并发展起来的。当然这里所说的世界是指人造的世界，换言之，是相对于自然而言的、充满人工点缀的都市。如果人类世界很小，人们可以住洞穴，也可以住树洞。但是随着人类世界的扩大，具有圈地功能的建筑物就必然成为人们的需求。还有，为了满足不断膨胀的愿望，人们开始追求纪念碑式的建筑和有强烈形态特征的建筑。这样一来，人们必然会在原本空旷的田野上开始不断堆砌石块进行建筑，而膨胀的世界最终所要求的建筑形态恐怕就是超高层的摩天大楼了。

为了应对世界的不断膨胀，建筑物出现了。由于视觉的需求，建筑物越盖越高。同样在经济方面，为了应对因世界的膨胀而变得越来越不稳定的经济，凯恩斯经济学登台亮相了。在政治方面，针对庞杂的世界万象，民主主义闪亮登场了。然而，为了解决膨胀问题所提出的上述所有这些措施，在超出我们想象的现实世界面前，失去了它们以往的效力，呈现出不稳定的状态。有关本书的内容完全可以进行如下概括。

不稳定的状态波及到整个建筑领域。作为应对世界不断膨胀的有效手段，20世纪的公共投资和住房抵押贷款政策在与凯恩斯经济学和风靡20世纪的民主主义相互影响的同时，也发挥了它们的作用。但是，世界的膨胀已经超出了这些手段所能控制的界限。我认为它们并不是一个个单独地失去效力，而是由于某个相同的原因，使得所有这些为了控制世界膨胀而开发出来的现代化体系同时全面失效。

所谓相同的理由是指所有这些体系都是建筑类型的体系。所谓建筑类型的体系，是指这个体系由于过度依赖视觉，依赖物质，结果它成了向心的、结构性的、分阶层的（等级制度）、与外部隔绝的、内外界线分明的这样一个封闭体系。书中频繁出现的“圈地功能”这一概念就是这种界线分明现象的别称，而指导现代都市规划的基本概念——区域规划制的做法也是“圈地功能”的另一种说法。

现在社会已经发展到了要用建筑体系来控制膨胀的时代了——我就想这样来定义现代。那么还有什么样的体系可以替代这种建筑体系呢？那就是非物质的、非向心的、非阶级的体系，例如，以网络为代表的网络体系就是代表。

但是，所谓建筑体系过于陈旧而网络体系才是最新的这一无聊的结论也不是我所期待的。对于民主主义体系和全新的网络体系是如何轻而易举地实现圈地功能的，我们已经知道得太多。此外，我们也意识到网络系统，对于其本身之外的其他领域，很可能比建筑系统有着更强烈的排他性。总之，假如有可能利用各种非建筑的系统来改变目前的建筑存在方式，这会让我感到异常兴奋。说不定会出现一种既不是向心的，也不是结构性的，并且界线模糊，不会形成圈地效应的、式样灵活的建筑模式。

如果这样的建筑真的能够成为现实，以实实在在的物质形式出现在人们眼前，试想想可能会发生什么情形呢？它会不会成为一种可以控制已经膨胀到了我们已经无法了解其本来面貌的世界的秘密武器？会不会对政治、经济、社会、家庭带来影响？现实的物质是具备这种力量的，以往的建筑体系也向世界显示了其巨大的影响力。所以，我们不能轻视物质的力量。

曾经是世界上最高的建筑在转瞬间灰飞烟灭，而我们就生活在这一事件发生之后的世界里。即使在这之后，我们还是希望能够在物质形态上寻找一种寄托，这便成了我写这本书的动因。我们仍然依赖物质，因为我们的血肉之躯是由物质组成的，世界也同样是由物质组成的。面对世界膨胀的现实，我们仍不想放弃自己的希望，不论寄托了我们希望的物质叫做建筑，还是称作屏风，抑或名为院子。这些都不重要。名称并不重要，重要的是我们拥有对物质不灭的情感。

最后我要感谢岩波书店的高村幸治先生，是他为我提供了写这本书的机会，同时我要感谢吉村弘树先生，是他鼓励我坚持把这本书写下去的。我要借此机会向所有支持过我、帮助过我的人们表示深深的谢意。

隈研吾

出处一览

Ⅰ－1“重编共同性”，载《战后建筑的进程和趋势》，东京建筑设计厚生年金基金，1995年。

Ⅰ－2“何为泡沫时代的建筑”，载《欲望和消费 现代日本文化论8》，岩波书店，1995年。

Ⅰ－3“什么是批判性”，载《住宅特辑》，1995年11月号。

Ⅰ－4“输即是赢”，载《新建筑》，2000年8月号。

Ⅱ－1“寂寞的和平”，载《DE STIJL展》，1997年12月号。

Ⅱ－2“三个私宅”，载《Glasss & Architecture》，1996年冬季号。

“民主主义的幻想”，载《建筑文化》，1999年9月号。

“鲁道夫·辛德勒——对未来建筑的梦想”，载《鲁道夫·辛德勒》，鹿岛出版社，1999年。

“两个对手——诺依特拉和辛德勒”，载《Glasss & Architecture》，1997年春季号。

Ⅱ－3“建筑的民主主义”，载《INAX REPORT》135号，1998年6月。

Ⅱ－4“另一个现代”，载《再读／日本的现代主义建筑》，彰国社，1997年。

Ⅱ-5“分裂的存在和表象还会重新结合吗？”，载《现代建筑》，2000年8月号。

Ⅱ-6“给我一个家，让我看电视”，载《新建筑》，1995年8月号。

“普遍争论”，载《GA JAPAN》，1995年1月号。

Ⅱ-7“微笑的少女和行者”，载《读卖新闻》，2000年7月18日。

Ⅲ-1“你也来当建筑师！”，载《东京人》，2003年4月号。

Ⅲ-2“作为‘风俗’的个人住宅”，载《JIA NEWS》，1998年12月号。

Ⅲ-3“关注不断扩展的建筑”，载《建筑杂志》，2000年12月号。

Ⅲ-4“透明的寄生虫”，载《JIA NEWS》，1996年4月号。

Ⅲ-5“‘美’的终结”，载《本》，1999年8月号。

Ⅲ-6“圈地的终结”，载《JA》，1998年冬季号。

图书在版编目(CIP)数据

负建筑／（日）隈研吾著；计丽屏译.— 济南：山东人民出版社，2008.1（2021.3 重印）
ISBN 978-7-209-04351-9

Ⅰ.负... Ⅱ.①隈... ②计... Ⅲ.建筑学
Ⅳ.TU

中国版本图书馆 CIP 数据核字(2007)第 184763 号

责任编辑 王海涛
装帧设计 朱 锷
设计制作 汪 阁 刘 夏 李 婷 [朱锷设计事务所]

负建筑
隈研吾 计丽屏

山东出版集团
山东人民出版社出版发行
社 址 济南市英雄山路 165 号 邮政编码：250002
网 址 http://www.sd-book.com.cn
发 行 部 (0531)82098027 82098028
新华书店经销
天津图文方嘉印刷有限公司印装

规 格 16 开（155mm × 230mm）
印 张 13.75
字 数 160 千字
版 次 2008 年 1 月第 1 版
2021 年 3 月第 14 次
书 号 ISBN 978-7-209-04351-9
定 价 48.00 元

如有质量问题，请与印刷厂调换。010-84488980